内蒙古财经大学实训与案例教材系列丛书
丛书主编　金　桩　徐全忠

企业文化诊断与设计

主　编　孙晓光
副主编　康秀梅　毛文静　李瑞峰　李圆方
　　　　高　鑫　孙浩光　马天驰　马铭辰

中国财经出版传媒集团
经济科学出版社
Economic Science Press

图书在版编目（CIP）数据

企业文化诊断与设计/孙晓光主编．－－北京：经济科学出版社，2020.12

（内蒙古财经大学实训与案例教材系列丛书）

ISBN 978－7－5218－2239－7

Ⅰ．①企…　Ⅱ．①孙…　Ⅲ．①企业文化－研究－中国　Ⅳ．①F279.23

中国版本图书馆 CIP 数据核字（2020）第 264097 号

责任编辑：于　源　郑诗南
责任校对：郑淑艳
责任印制：范　艳

企业文化诊断与设计

主　编　孙晓光
副主编　康秀梅　毛文静　李瑞峰　李圆方
　　　　高　鑫　孙浩光　马天驰　马铭辰

经济科学出版社出版、发行　新华书店经销
社址：北京市海淀区阜成路甲 28 号　邮编：100142
总编部电话：010－88191217　发行部电话：010－88191522
网址：www.esp.com.cn
电子邮箱：esp@esp.com.cn
天猫网店：经济科学出版社旗舰店
网址：http://jjkxcbs.tmall.com
北京密兴印刷有限公司印装
710×1000　16 开　12.25 印张　260000 字
2021 年 3 月第 1 版　2021 年 3 月第 1 次印刷
ISBN 978－7－5218－2239－7　定价：49.00 元
（图书出现印装问题，本社负责调换。电话：010－88191510）
（版权所有　侵权必究　打击盗版　举报热线：010－88191661
QQ：2242791300　营销中心电话：010－88191537
电子邮箱：dbts@esp.com.cn）

目 录
CONTENTS

第一篇 理论篇

第一章 企业文化相关理论 … 3
学习目标 … 3
故事导入 猴子和香蕉的故事 … 3
第一节 企业文化的基本概念 … 4
第二节 企业文化的影响因素 … 5
第三节 企业文化的功能 … 6
第四节 企业文化的结构 … 8
第五节 企业文化的类型 … 9
思考题 … 14

第二章 企业文化诊断与评估 … 15
学习目标 … 15
故事导入 北京移动客服中心的企业文化评估 … 15
第一节 企业文化诊断的概念与目的 … 16
第二节 企业文化诊断的基本方法 … 17
第三节 企业文化诊断的步骤 … 24
思考题 … 27

第三章 企业文化理念体系设计 … 28
学习目标 … 28
故事导入 一封未雨绸缪的文化升级全员信
——京东集团的"T型文化" … 28
第一节 企业文化设计的原则 … 29
第二节 企业文化精神层设计 … 30
思考题 … 35

第四章　企业文化行为规范设计　36
　　学习目标　36
　　故事导入　联想的罚站制度　36
　　第一节　企业作风设计　36
　　第二节　企业文化制度层设计　38
　　第三节　企业文化行为层设计　41
　　思考题　46

第五章　企业文化形象设计　47
　　学习目标　47
　　故事导入　北京冬奥向世界传递中国文化魅力　47
　　第一节　企业标识设计　48
　　第二节　企业文化用品设计　49
　　第三节　企业产品造型和包装设计　51
　　第四节　企业物质环境设计　51
　　思考题　53

第六章　企业文化实施　54
　　学习目标　54
　　故事导入　华为的"狼性"与"做实"　54
　　第一节　企业文化实施的路径　56
　　第二节　企业文化建设的组织基础　60
　　第三节　科学制订建设计划　62
　　第四节　实施企业文化建设考核　63
　　思考题　70

第二篇　实践篇

第七章　案例一：从心动到行动——S集团企业文化诊断与设计　75
　　第一节　相关背景介绍　75
　　第二节　基于OCAI量表的企业文化分析　76
　　第三节　S集团企业文化建设的问题　86
　　第四节　S集团企业文化的导入实施　88
　　第五节　企业文化实施效果　91

第八章　案例二：H 集团企业文化优化设计 ·················· 95
第一节　相关背景介绍 ·· 95
第二节　调研情况 ··· 96
第三节　员工对企业文化建设的建议 ······································ 96
第四节　企业文化设计 ·· 98

第九章　案例三：G 公司企业文化导入实施研究 ················· 103
第一节　相关背景介绍 ·· 103
第二节　公司现状与发展面临的形势 ······································ 105
第三节　公司目前存在的问题 ··· 146
第四节　未来发展面临的机遇与挑战 ······································ 148
第五节　规划指导思想与方针 ·· 150
第六节　内蒙古 G 服务公司企业文化导入方案 ·························· 156
第七节　G 服务公司三年来取得的主要成效 ····························· 163

第十章　结论与启示 ·· 165

附录一：S 集团企业文化调研 ··· 167
附录二：H 公司企业文化调研 ··· 175
附录三：G 公司企业文化调研 ··· 181
参考文献 ·· 189

第一篇 理论篇

第一章　企业文化相关理论

【学习目标】

1. 知识目标：掌握企业文化的内涵，了解企业文化概念及其影响因素。
2. 能力目标：掌握企业文化功能与类型。
3. 育人目标：了解中华民族的伟大历史，以及中国古代匠人的智慧与精神，培养大学生的工匠精神，同时，增强大学生民族自信心及民族自豪感。在此基础上深化民族团结进步教育，筑牢中华民族共同体意识。

【故事导入】

猴子和香蕉的故事

四只猴子被关到了一个笼子里，由于每只猴子都来自不同的地方，原先互相不认识，所以总是会发生冲突。最初的两天，四只猴子总是打架。对于这种现象，如果用学术一点的名词来形容，可以叫"文化冲突"。两天以后，在笼子的顶上挂了一串香蕉。但是，一只猴子是无法单独拿到这个香蕉的。于是，四只猴子开始相互协作，取下香蕉来大家一起分享。这个阶段，我们可以说四只猴子有了共同的目标，就形成了一个团队，也可以延伸看作是形成了组织或者是企业。

但过了一个星期以后，情况发生了变化。不管哪一只猴子，每当它快要取到香蕉的时候，都会有一只高压水枪向它喷水，稍不留神，猴子就会摔落到地上。由于这种情况从无例外，于是，四只猴子都不敢去取香蕉了。企业的成员之间达成了共识。

过了些日子，笼子里又来了一只猴子。它看到香蕉的时候，非常想去取。但其他的猴子一起来告诉它，香蕉不能取，并且告诉它以前的那些痛苦经历。于是，这只新来的猴子从此就打消了去取香蕉的念头。企业成员的共识或者共同的意识、行为习惯等可以在企业成员之间通过正式或者非正式的方式延续下去，这个时候，企业逐渐形成了企业文化。

又过了几天，又来了一只新猴子，而第一批入笼的其中一只猴子被带走了。当然，这只新来的猴子也很想去取香蕉，但其他的猴子，包括那只从来没有上去取过香蕉的猴子都来告诉这只新猴子，不能去取香蕉。企业文化逐渐对员工的行为产生了强大的约束。

经过几次轮换，笼子里的猴子越来越多，而第一批被高压水枪喷过的猴子全部都离开了笼子，但笼子里所有的猴子都知道不能去取香蕉。企业文化的特点是具有延续性的，而这种延续，不仅通过企业的正式沟通渠道，更重要的是通过非正式场合的沟通，在成员之间相互影响而发生作用。

然而，事实上当第二批进入笼子的猴子不再去取香蕉的时候，管理员已经把喷枪取走了，只是香蕉还是每天挂在那里，但没有一只猴子敢去尝试。

企业文化对企业成员的影响未必都是正面的。任何组织都是有文化的，正如上面第一批进入笼子的猴子，虽然经常发生冲突、经常打架，这其实也是一种文化，只是在这种文化中，可能"利己"的成分多一些，"宽容"的成分少一些。因此，企业文化的建设，不是一个从无到有的过程，而是一个"让优秀的东西沉淀下来，成为企业的文化财富"的过程。

引言：本章介绍的是企业文化的相关理论，包括企业文化的基本概念、影响因素，以及企业文化的功能、结构和类型。

第一节 企业文化的基本概念

关于企业文化的研究始于20世纪80年代左右，同时，随着现代企业管理理论和方法的不断发展，国内外越来越多的企业家和学者开始关注和探讨企业文化。企业文化，虽然"看不见、摸不着"，但它的作用却无处不在。它是凝聚员工思想与归属的基础，是驱动员工达成企业期望的隐性动力，是整个企业人群的"精气神儿"。对于企业文化的认知，可以从理念、执行、结果三个层面去理解。

目前，关于企业文化的定义有很多。其中最为被学术界广泛认可的是美国麻省理工学院的教授沙因（Schein）给出的定义。沙因（2014）认为，企业文化是在一定环境条件下形成的，并被所有成员遵循的共同意识、价值观、职业道德、行为准则和标准的总和。这个定义强调的是企业文化的独特性。我国学者认为："企业文化是指企业全体员工在长期的生产经营活动中培育形成并共同遵循的最高目标、价值标准、基本信念及行为规范。"[①] 这个定义强调的是企业文化的共享性。建设企业文化的最终目的就是对员工一般行为方式、价值行为的明确选择，促成员工统一行为习惯的形成。除非转变为行动，否则企业文化就不能被称为企业文化，只能被称为口号。

对于企业文化，每位学者观察的角度不同，提出的定义也千差万别，但各种定义之间还是存在共性要素的，即企业文化必须是明确的理念、规则和导向，必须成为企业组织内部绝大多数人员共同认可的价值选择，必须能够落实到组织和员工的行为表现之

---

① 李建华，刘霞. 现代企业文化理论与实务［M］. 北京：机械工业出版社，2012.

中。由此不难发现，企业文化要取得效果，最关键在于理念与习惯。要打造一个企业或组织的文化，我们可以从两个角度着手。一是让文化理念促进企业与客户以及与其他利益相关者达成共识和认可，二是让文化理念落实到每个员工的行为自觉中，逐渐成为日常行为习惯。

基于以上分析，结合企业文化咨询的现实实践和经验，我们对企业文化可作如下定义：企业文化指的是，企业在核心价值观的指导下，在处理内外部相关关系的过程中，形成特有的认知模式和行为方式，并且在企业内部达成共识。

企业文化作为一种新的管理学说诞生至今，虽然它的理论体系还待进一步的完善和探讨，但是，它已经在实践中显示出了强劲的生命力和巨大的威力。正如IBM公司总裁小托马斯·沃森所说："一个伟大组织能够长久地生存下来，最主要的条件并非结构形式、管理技能，而是我们称为信念的那种精神力量，以及这种信念对于组织的全体成员所具有的感召力。"[①]

第二节 企业文化的影响因素

一、民族文化因素

民族文化和企业文化之间是互相影响的关系。一方面，不论是企业还是企业员工都会受到民族文化因素的影响，例如，企业文化中的价值理念、行为和道德规范都会带有民族文化的色彩。另一方面，企业文化会对其所在的社会民族文化起推动作用。

二、制度文化因素

企业文化建设的核心是让企业形成强大的内聚力。一般来说，通过规范的制度建设是增强企业内聚力的一种方法。企业在建章立制时，必须将员工置于首要地位，尊重员工。因此，员工的主导地位和意识是企业文化不可缺少的一部分，也是企业文化和企业精神的核心部分。

三、企业传统因素

企业文化的形成是一个历史传承的过程，既受到所在国家文化传统的影响，又受到企业自身文化传统的影响。这就要求企业不断总结自身的经营特点和优秀的传统，形成

---

① 杨季春. 企业文化理论与实践［M］. 太原：山西人民出版社，1994.

自己的经营理念、价值观、行为规范，形成具有自身特点的文化风格。

四、外来文化因素

当前，世界联系紧密，企业文化不可避免会受到外来文化的冲击。因此，企业要在筛选、吸收、消化和融合外来文化中优秀因素的基础之上，抵制金钱崇拜、自我为中心、享乐主义、唯利是图等西方资本主义文化思想的负面影响。

五、个人文化因素

影响企业文化的个人文化因素主要包括企业中各层管理者和员工的意识形态、文化素养水平、技术能力、政策水平和伦理道德品质以及工作作风等。这就要求企业在文化建设中：第一，要特别重视管理者的价值观、商业理念、商业哲学和实践经验等在企业文化中的影响，要建设好的企业文化，前提是选择好的管理者；第二，要重视在员工中塑造典型模范人物，提倡全员向模范学习，培育企业文化；第三，中层管理者是企业文化的助推者、执行者，在企业文化的形成过程中扮演着重要的角色；第四，企业文化建设的主体是员工，员工的品质、能力、思维和行为是构成企业文化的关键要素，影响着企业的文化风貌。

六、行业文化因素

在企业文化建设的过程中，必须要考虑行业文化的差异性，提炼出独特性，不能千篇一律。

七、地域文化因素

不同地域有着不同的地理、历史、政治、经济和人文环境，差异的地域文化对企业产生着不同的影响，是企业设立或发展时必须考虑的因素，特别是其人文环境的因素。

第三节　企业文化的功能

企业文化具有影响企业的经营业绩、内外关系契约等功能。总的来说，企业文化的功能表现为：

一、导向功能

企业文化能够反映企业的共同追求、利益和价值观。一旦形成强有力的企业文化，企业就能构建起自己的系统价值和范式，从而作为对员工价值观和行为范式的指导。

二、激励功能

企业文化可以让员工认识到企业存在的意义以及自身工作的社会价值。在这种"无形的精神约束力"和"无形的精神驱动力"的双重作用下，员工会自发地产生对工作的崇高使命感，自觉地以积极、负责任的态度为企业和自身的价值而工作。

三、凝聚功能

企业文化的凝聚功能主要表现为对员工起到黏合作用。企业文化中被企业员工认同的价值观，会形成一种群体意识，从而形成向心力和凝聚力。在对企业文化的认同中，员工为自身的理想、希望和要求而努力，为自身的命运和前途而奋斗。

四、约束功能

企业文化的约束功能主要表现为企业文化可以影响员工的思想素质和行为规范。相对规章制度的"硬"约束来说，这是一种"软"约束。这种约束会更切合员工个人的实际情况和心理需要。

五、辐射功能

企业是社会构成的一部分，企业文化也会对社会产生辐射作用。一方面，企业利用各种媒体宣传企业文化，这是最主要的渠道；另一方面，企业也可以利用企业员工的人际传播渠道，通过员工的价值观、道德观等传递企业文化精神。

六、美化功能

企业文化具化到形象方面也是一种视觉媒介的形象文化。它不仅具有品牌影响力，还可以是展示团队创新、员工自信的媒介。企业文化既可以美化企业的物化环境，又可以满足员工的精神追求。

企业文化的六大功能是相互交织、相互影响的，是在同一阶段、综合统一发挥作用的。其中，起主要作用的是导向功能。

第四节　企业文化的结构

对于企业文化的结构，学术界有不同的观点。在这里，我们采用主流观点——"四层次结构说"，如图1-1所示。

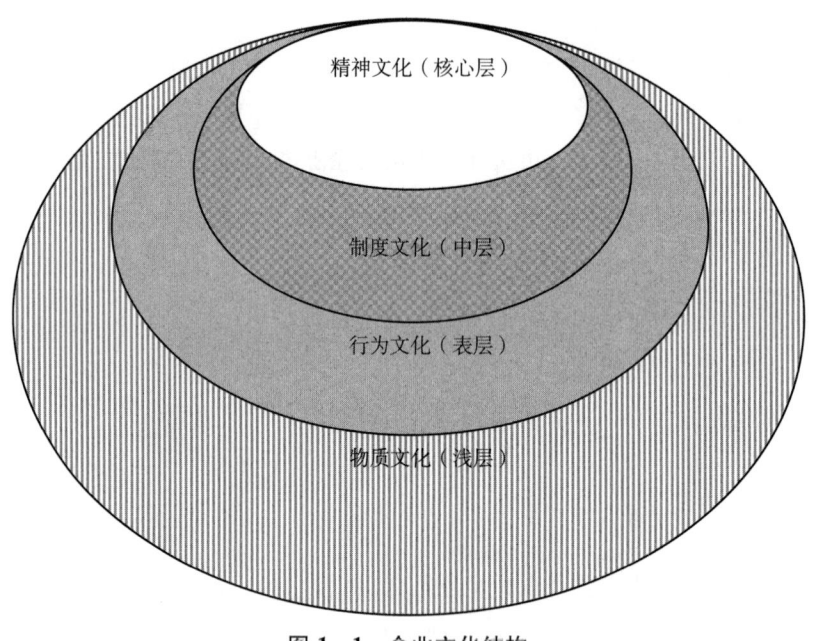

图1-1　企业文化结构

一、精神层：精神文化

作为企业文化的核心，企业文化的精神层又称为理念层，是企业文化建设中最基础的部分，主要包括企业的使命、愿景、核心价值观、企业精神以及企业的主要经营管理理念。

二、制度层：制度文化

作为企业文化核心理念融入经营管理的物质载体，企业文化的制度层主要表现为各种规范和流程的总称。表现形式主要包括企业治理与组织结构、领导与决策机制、各项管理制度与流程、考核激励体系等，是确保员工践行企业文化、树立企业形象的制度性保证。

三、行为层：行为文化

企业文化的行为层是指员工进行企业文化建设的过程中所遵循的行为标准和具体的

行为表现。主要包括员工行为规范、服务用语、服务标准、商务礼仪、好人好事、优秀员工案例集等，是对员工行为方式、行为习惯的规范，是企业文化核心理念在员工行为层面的折射。

四、物质层：物质文化

企业文化的物质层是指企业通过视觉识别系统的设计和传播，面向企业内外部所树立的社会形象和所传达的企业文化语言，由员工创造的产品和各种物质设施等构成。它的目标在于实现企业文化内涵与外部形象的一致和统一，进而提升企业品牌的知名度和美誉度。在对内对外进行企业文化推广和展示的过程中，表象文化在树立起企业社会形象方面的作用巨大。

第五节　企业文化的类型

关于企业文化的类型，学术界从不同的角度进行了研究。以下主要介绍七种企业文化的分类。

一、迪尔与肯尼迪的分类

特雷斯·迪尔（Terrence E. Deal）和阿伦·肯尼迪（Aron Kennedy）提出环境决定论，按照市场环境的类型划分企业文化的类型[①]。

（一）强悍型文化

强悍型文化是极度紧张的文化，强调快节奏工作，一般适合于投资风险比较高的企业。这种企业鼓励员工承担风险，从事伟大的事业。在这种类型的企业中工作的员工，可以迅速地获得行动是否正确的反馈。

（二）工作和娱乐并重型文化

工作、娱乐并重型文化是轻松、有活力的一种文化，强调轻松的工作环境，很少有禁锢的条条框框，一般适合于注重为顾客提供良好服务和需求的企业。这种企业鼓励员工具有合作精神和坚忍不拔的毅力。在这种类型的企业中工作的员工，相互之间能友好亲近相处。

---

① 曾萍. 现代企业文化理论与实务［M］. 昆明：云南大学出版社，2014.

(三) 赌注型文化

赌注型文化是一种冒险文化，强调试验、尝试和发展，一般适合于风险高、反馈慢的企业。这种企业鼓励员工具有冒险、创新精神。在这种类型的企业中工作的员工，放眼未来、信心高涨。

(四) 按部就班型文化

按部就班型文化是一种安定文化，强调稳定、秩序，一般适合于低风险、资金回收慢的企业。这种企业鼓励员工具有理性思维。在这种类型的企业中工作的员工，工作有条不紊、例行公事。

二、卡梅隆和奎因的分类

卡梅隆和奎因（Cameron & Quinn）提出了竞争性价值观模型（Competing Values Framework，CVF），他们通过"灵活性—稳定性"和"关注内部—关注外部"这两个成对的维度把不同组织分成四种文化类型：创新型文化、市场型文化、等级型文化、宗族型文化（见图 1-2)[①]。

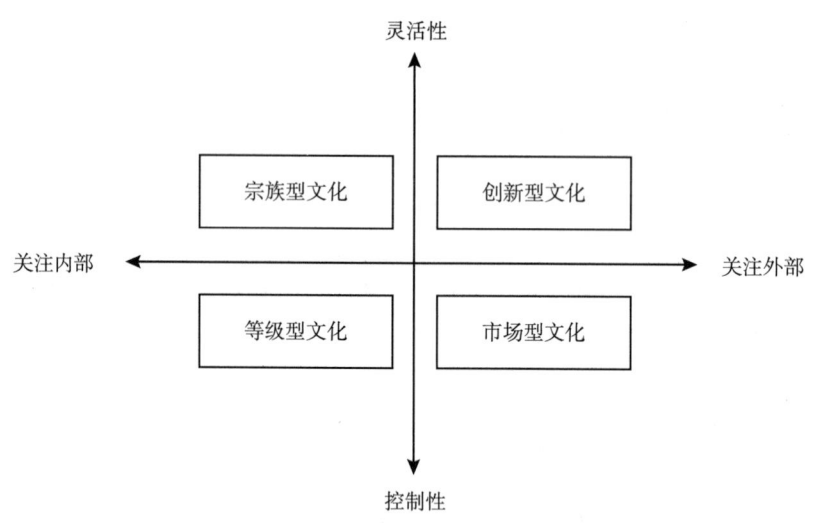

图 1-2 卡梅隆和奎因的竞争性价值观模型

(一) 宗族型文化

宗族型文化，是指人们就像在一个大家庭中，工作友善团结，互帮互助，共享成果。

---

① 曾萍．现代企业文化理论与实务［M］．昆明：云南大学出版社，2014．

拥有宗族型企业文化的企业强调长期目标，注重员工的发展，重视提升凝聚力和士气。企业的管理者通常被视为人生导师，甚至是父母。企业员工有意识地、自愿地履职尽责。这种类型的企业对客户需求的敏感度和对员工的关心程度高，激励团队协作和参与协调。

（二）等级型文化

等级型文化，是指人们就像在一个等级森严的社会中，工作按部就班，中规中矩。拥有等级型企业文化的企业强调稳定、高效、有效的生产运作，注重制定严格的制度和周全的政策。企业的管理者通常被视为是秩序的协调者和效率的提升者。企业员工通过遵循各类规章制度维持组织的顺畅运作。

（三）市场型文化

市场型文化关注企业的经营业绩，工作以目标为导向，竞争激烈。拥有市场型企业文化的企业在战略上强调赢得竞争，通过高的市场占有率和高的市场渗透力作为评判标准。企业的管理者通常被视为是企业的推动者。企业员工具有强有力的竞争意识。这种类型的企业以强势竞争为主，通过有竞争力的价格获得市场领导地位。

（四）创新型文化

创新型文化是一种充满活力的、有创造性的工作环境。企业的领袖是革新者和冒险家。企业的员工工作在动态的、充满冒险和创业激情的环境中。企业的长期目标是创造和获得新的资源，赢得行业前端。因此，在企业经营中，企业将创造出新的产品作为成功的表现。通过鼓励员工个人的创造能力，推动企业成为产品和服务的先行者。

三、艾博斯的分类

艾博斯（Eberth）把企业文化类型分为：合法型文化、有效型文化、传统型文化、实用型文化（见表1-1）[1]。

表1-1　　　　　　　　　　艾博斯的企业文化分类

项目	合法型	有效型	传统型	实用型
组织内容	环境的规范和价值观	对绩效的需求	成员的价值观、信仰和传统	成员的（自我）利益
效度基础	信念	适当的绩效	亲和性	成员的（自我）利益
焦点	外部支持；合法性	产出；专业知识；计划；控制	信用传统；长期的承诺	成就；奖励和贡献的公平分配

---

[1] 曾萍. 现代企业文化理论与实务 [M]. 昆明：云南大学出版社，2014.

续表

项目	合法型	有效型	传统型	实用型
个人服从的基础	识别；一致产生的信念的压力	社会和管理的指令	内部化	结果的计算
行动的协调	名义调整	共同的目的	表演的和联络的行为	内部锁定利益和战略行动
特征集合	公共机构环境：绩效难以知道	结构化地相互依赖的集体；绩效容易被监督	有稳定成员关系、长期历史和密集交流的集体	通常是为了共同的利益或目的而将个人集结起来的小的混合团体

四、康妮和芭芭拉的分类

美国康妮·格莱泽（Connie Gloser）与芭芭拉·斯坦伯格·斯马雷（Barbara Steinberg Smalley）把企业文化分为鲨鱼型、戛裨鱼型、海豚型。

（1）鲨鱼是海中霸王，鲨鱼型企业文化的含义是用鲨鱼的凶悍形容企业冷酷、无情、喜好操纵。

（2）戛裨鱼是一种以蚊虫为食的小鱼，戛裨鱼型企业文化的含义是用戛裨鱼的柔弱形容企业人情至上、优柔寡断。

（3）海豚是行动最迅速的哺乳动物，海豚型企业文化的含义是用海豚的温和友善形容企业刚柔并济、随机应变。

五、基于方格理论的分类

布莱克（Blake）和莫顿（Mouton）从领导者"关心人"还是"关心生产"两个维度提出了管理方格理论（Managerial Grid Theory）。五种领导者类型就对应着五种企业文化类型，主要的特征如表1-2所示。

表1-2　　　　　　　　　　　五种类型的特征

项目		权威型	团队型	俱乐部型	贫乏型	中庸型
主要特征		工作导向	团队合作导向	关系导向	导向不清	稳定导向
		以严为主	宽严并济	以宽为主	没有追求	注重平衡
		效率第一	效率、公平并重	公平第一	得过且过	循序渐进
		追求效益	和谐基础上追求卓越	放任自流	不负责任	和谐基础上争上游
		很少授权	适当授权、兼顾民主	充分民主	放弃权力	适当授权
		性恶论	性善论	性善论	人性假设不清	性善论

六、科特和赫斯特的三种类型

约翰·科特（John Cotter）和詹姆斯·赫斯克特（James L. Heskett）将企业文化分为强力型企业文化、策略合理型企业文化和灵活适应型企业文化三类。

（一）强力型企业文化

拥有强力型企业文化的企业，都习惯于在特定的商业方向上通力协调和合作。企业就是通过这种一致性的协调、组织和领导实现了企业经营业绩的增长。但是，要求企业必须处于一个稳定的商业环境中，而公司的行为最终必须与它们的商业战略相一致。

（二）策略合理型企业文化

拥有策略合理型企业文化的企业，特别强调企业文化和环境之间的匹配性程度。只有当企业文化与企业环境的匹配程度高时，企业文化才会发挥最大效能，改善企业经营状况。

（三）灵活适应型企业文化

拥有灵活适应型企业文化的企业，随机应变能力强，能够随着市场经营环境的变化而变化，能够维持长期的经营业绩的增长，比其他企业的竞争能力更强。这种企业文化提倡激发出企业勇于创新和广泛沟通的创业精神，从而形成企业全员变革的力量。

七、梅泽正和上野征洋的分类

梅泽正和上野征洋把企业文化分为自我变革型、注重分析型、关注顾客型和重视管理型（见图1-3）。

（一）自我革新型

根据市场变化调整，关注竞争和挑战，不断自我革新。

（二）注重分析型

关注影响企业发展的因素，重视提高生产效率和管理效率。

（三）关注顾客型

评估市场地位的稳定性和客户满意度，避免风险。

（四）重视管理型

关注规避风险和市场地位的稳定性，注重协调企业内部规范和竞争对手之间的关系。

```
                    对
                    环
                    境
                    的
                    态
                    度
      自我革新型        │    注重分析型
                       │
                       │
  外部方针 ──────────────┼──────────────► 内部方针
                       │     行动基本方向
                       │
      关注顾客型        │    重视管理型
                       │
                       ▼
```

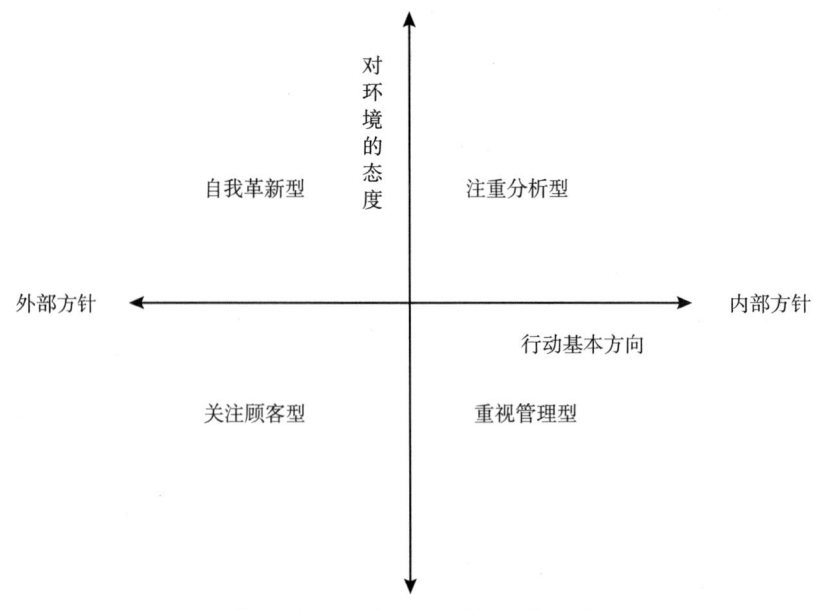

图 1-3　梅泽正和上野征洋的分类

思 考 题

1. 企业文化与民族文化、区域文化是什么关系？
2. 在激烈的市场竞争中，企业为什么要重视企业文化建设？
3. 你认为影响企业文化的因素中最重要的是什么？
4. 对你工作过的组织或社团里的文化进行总结，它对组织实现其目标发挥了什么样的作用？
5. 假如你代表公司参加一个全国的企业文化交流会，给你 3 分钟的发言时间，你准备如何宣传公司文化？
6. 社会变革会给企业文化带来哪些有利的影响？

第二章　企业文化诊断与评估

【学习目标】

1. 知识目标：了解企业文化测评的基本概念、目的和基本类型；熟悉企业文化评估的内容和维度。
2. 能力目标：掌握企业文化测量工具。
3. 育人目标：分析我国企业文化特征，培养学生的民族自信心及民族自豪感。

【故事导入】

北京移动客服中心的企业文化评估

中国移动北京公司客户服务中心（以下简称"北京移动客服中心"）从2003年开始企业文化建设，在2013年引进丹尼森的组织文化模型，建立客服中心文化评估体系，用"数据"考评"软"的文化。

丹尼森组织文化模型是目前国际上普遍流行的组织文化评价模型之一。该模型是瑞士洛桑国际管理学院的教授丹尼尔·丹尼森（Daniel Denison）及其同事经过20多年对上千家企业组织研究的成果。考虑了文化特征与企业经营管理核心要素、企业管理行为与员工行为之间的关系以适应性、使命性、参与性和一致性这四种文化特质为核心，每个文化特质细分3个方面，每个方面有5个具体条目总共60个条目考察企业文化。

由于丹尼森的组织文化模型既可以用来比较不同企业、不同时期的企业文化，又可以发现企业文化方面的优势和不足，因此，北京移动客服中心以丹尼森的组织文化模型为依据打造北京移动客服中心文化评估体系。

北京移动客服中心企业文化评估体系自2013年实施以来，中心的责任效能、服务效能、创新效能、执行效能、学习效能五大效能均获得了进步，进而有效改善了企业发展的"硬数据"。

（1）在服务效能方面，2013年营销成功量同比增长5.39%，营销收入同比增长39.76%等。

（2）在责任效能方面，2013年短信满意度达到98.73%，较上年提高0.42个百分点；最佳服务率达到23.88%，较上年提升两个百分点在创新效能方面，签收时长缩短

60%，签收成功率提高 10% 等。

（3）在执行效能方面，2013 年 30 秒接通率达到 88.93%，较上年增长 0.61PP，波动平稳；投诉处理及时率 2013 年的完成值为 93.98%，得分率为 100%。

（4）在学习效能方面，中心组织的 155 场面授课程培训；全年人均学习时长达 19 天，网络学习人均时长达 53 学时，学习覆盖率达 100% 等。

北京移动客服中心采用丹尼森模型作为客观评价和改进企业文化的依据，让看似无形的企业文化建设的目标、方法、效果全部用数字化的工具和模型管理起来，不仅可以将企业文化纳入常规管理体系，还能有效促进和改善企业发展的硬指标。

资料来源：陈春花等. 企业文化（第三版）[M]. 北京：机械工业出版社，2018.

引言：深入周密的调研与诊断评估，能够让我们掌握系统全面的第一手资料，通过挖掘企业的文化背景，深入了解潜藏在企业家、管理者与员工内心和行为中的价值取向，对企业文化现状给出客观的评判，从而明确未来文化建设的方向与目标。

第一节 企业文化诊断的概念与目的

一、企业文化诊断的概念

诊断企业文化的现状，是构建企业文化的第一步工作，也是从根本上理解和梳理企业文化的一项基础工作。企业文化诊断包括应用企业文化一般原则和理论，调查研究企业历史和现状，选取科学的方法和手段，分析企业文化形成的原因和特色，记录企业文化的优势，为企业文化建设决策奠定坚实的基础。企业文化诊断有利于企业领导者进一步明晰企业经营管理的基本特征和存在的问题，探索企业变革和发展的路径。

提出进行企业文化诊断需要的原因主要有三个：一是，建立高认可度的企业文化评价体系是建立现代企业管理体系的一个重要组成部分。推动企业向现代企业变革是企业发展的必经之路。因而，当企业向现代企业迈进时，就需要诊断和测量企业文化的现有状况；二是，当解决企业文化冲突问题的时候，就需要对企业文化进行诊断，这就类似于医生应用"望、闻、问、切"的方法对患者进行诊断；三是，企业发展变化需要新的企业文化与之相适应。这就要求企业要变革企业文化，形成新的经营理念、新的价值观念。

二、企业文化诊断的目的

企业文化诊断是进行企业文化相关研究的基础，其目的和意义主要体现在以下四个方面。

（一）全面盘点

实际工作中，很多企业对自身的企业文化状况了解不深，或了解不全面、不系统，这就需要进行企业文化诊断。也就是说，全面评估企业文化建设工作的开展情况，并且对管理企业文化工作的质量、能力、效果等进行评定，对企业的发展历程、业务特点、治理状态、文化成因等进行分析，了解企业文化的形成机理。

（二）归纳整理

企业文化不论是从结构上还是内容上，涉及的方面纷繁复杂，要厘清相关要素，就需要归纳整理。

（三）分析判断

企业文化诊断是一个分析、研究和判断过程。全面评估当前企业文化现状，明确不同层级、不同部门人员对于企业使命、愿景、价值观、企业精神等问题的不同看法，对企业的发展战略进行研究和解码，明确现有文化是否与企业长期战略方向一致，如果存在差异，评估上述差异是否对企业的经营发展造成影响，对比同行业企业或先进企业，观察本企业在文化里面，尤其是文化推进方法与实践方面、与行业通行标准的差异、与先进企业的差距，为文化建设提供借鉴。

（四）变革依据

改变企业文化是一个漫长而艰难的过程。对企业文化的诊断是企业管理变革不可或缺的一部分。企业文化的改变需要彻底研究其成员的价值观和行为，识别导致改变的原因和事实，以及制定和实施改变企业文化的战略。当然，在企业变革过程中，可能会遇到来自传统商业惯例和一些利益集团的阻力。

第二节　企业文化诊断的基本方法

企业文化诊断的方法大致可以分为两类。一类是以沙因（Schein）为代表的定性化研究，他们对企业文化的概念和深层结构进行了系统的探讨[1]。国内理论界对沙因的有关企业文化的概念和深层结构研究应用较多。另一类是以奎因（Quinn）为代表的定量化研究，他们认为企业文化可以通过一定的特征和不同的维度进行研究，并提出了一些关于企业文化的模型，这些模型可以用于企业文化的测量、评估和诊断[2]。

---

[1] 王德胜. 基于持续竞争优势的企业文化作用机理研究[D]. 天津：天津大学，2010.
[2] 谭新政，褚俊. 企业品牌评价与企业文化建设研究报告[J]. 商品与质量，2012（28）：7–30.

一、企业文化的定性研究

（一）以沙因为代表的组织文化理论框架

沙因在企业文化研究领域中，率先将文化的本质概念化，分析了文化的各个组成部分，并在文化的形成和同化过程提出了独创的理念。沙因提出文化由三个层次组成，三个层次之间是相互作用的。三个层次主要包括物质层（可观测的组织结构和组织过程等）、价值支持（战略、目标、质量意识、指导哲学等）和基本的潜意识假定（一些崇高而模糊的信仰、认识、想法、感情等）。

沙因综合前人对文化比较的研究成果，基于五种假设划分组织文化：

（1）自然与人类的关系。企业的领导者如何看待一个企业与周围的关系，包括治理关系、依赖关系、协调关系等。这些假设会影响企业战略方向的制定，而且要求企业有能力根据环境的变化适当审查这些假设。

（2）现实和真实的本质。企业要有判断现实和真实的标准；如果真实可以被预测的话，如何以令人信服的方式呈现现实和真实这就是企业和员工需要面对的一个问题。

（3）人的本质。企业文化需要在人的本质方面明确几个问题：一是企业和企业管理者对员工的基本假设是什么；二是企业如何认定员工的行为；三是员工和企业之间的关系等。

（4）人类活动的本质。什么是正确的人类行为，人的行为是主动的还是被动的，人是由自由意志决定的还是由命运决定的，什么是工作、什么是空闲时间等。

（5）人类关系的本质。对于权威的基础是什么，权力分配的正确方法是什么，人与人之间的关系是什么等。

沙因认为，有关企业文化的调查问卷无法揭示出以上的全部假设。主要是因为：第一，调查问卷无法全面覆盖所有假设。第二，调查问卷的设计者无法规避自身主观因素的影响。第三，有关假设的问题较抽象，企业员工往往无法回答。所以，沙因主张利用群体面谈和群体讨论的方法识别企业文化假设。

（二）企业文化定性研究方法

企业文化的基本诊断方法主要有问卷调查、深度访谈、资料研究和现场调查等。

1. 问卷调查

关于企业文化的问卷调查方法，是指对问卷调查结果进行整理，使用不同类型的图表进行数据分析，以可视的方式将抽象的企业文化形态呈现出来，探寻企业面临的问题。企业员工对于自己企业的文化优劣最有发言权，所以，这也是一种较为准确的方法。

2. 深度访谈

关于深度访谈，是企业文化研究过程中最常采用的方法之一。深度访谈方法是一种面对面的沟通交流，有助于就具体问题进行深化研究，以避免在调查过程中出现双方沟通不充分的情况。访谈的形式主要有两种：一是标准化的深度访谈，即调查者事先设计好访谈问题，在访谈现场按照固有模式进行提问和回答；二是非标准化的深度访谈，即访谈人相机行事。如果访谈的样本较小，就只能调查一些典型事例或样本。

3. 资料研究

关于资料研究，是指查阅企业的各种文档资料，包括企业的历史沿革资料、企业战略资料、企业规章制度资料、企业政策资料以及企业活动资料等。通过对这些资料的研究，能够发现企业对自然与人类的关系、现实和真实的本质、人的本质、人类活动的本质以及人类关系的本质这些问题的基本假设，确立企业的核心价值观。

4. 现场调查

现场调查，指的是直接深入企业现场进行观察，比如企业的实物设施情况、员工工作状态等，也可以直接与员工接触，感知员工对企业文化的认识，发现企业文化存在的深层次问题。

二、企业文化的定量研究

由于研究者的背景、关心的主题和使用的方法存在差异，企业文化的量化测量形成了多元化的格局。其中比较有影响力的量表包括奎因和卡梅隆（Cameron）构建的组织文化评价量表（Organizational Culture Assessment Instrument，OCAI）、丹尼森（Denison）等构建的组织文化问卷（Organizational Culture Questionnaire，OCQ）、霍夫斯塔德（Hofstede）提出的文化维度理论以及查特曼（Chatman）构建的企业价值观量表（Organizational Culture Profile，OCP）。在华人学者中，以郑伯壎构建的组织文化价值观量表（Values in Organizational Culture Scale，VOCS）传播面最广。下面我们对这些典型的测量量表进行介绍。[①]

（一）奎因和卡梅隆的组织文化评价量表

组织文化评价量表（OCAI）是由奎因和卡梅隆开发出来的。OCAI的突出优点在于为企业管理人员提供了一种直观、便捷的测量工具。这个量表已经接受了大量的实证检验，成为最具有影响力的测量企业文化的量表之一，尤其是在企业文化变革方面发挥着较大的作用。

OCAI可以作答两次，既可以用来测量当前文化，又可以用来测量期望文化。

卡梅隆和奎因（1998）通过两个维度将企业文化分成四种类型，如图2-1所示。即第一个维度作为纵轴，上方是适应性和自由决策（flexibility and discretion），下方是稳定性和控制（stability and control）。第二个维度作为横轴，左方是关注内部和结合

[①] 何宏宇等. 电力企业文化理论与实践［M］. 上海：复旦大学出版社，2015.

(internal focus and integration),右方是关注外部和区别(external focus and differentiation)。两轴将图分成四个象限,每个象限代表一类文化。左上方是团队文化(clan),左下方是层级文化(hierarchy),右上方是灵活文化(adhocracy),右下方是市场文化(market)。

```
                    适应性和自由决策
                  ┌────────┬────────┐
                  │        │        │
                  │  团队  │  灵活  │
                  │        │        │
关注内部和结合    ├────────┼────────┤    关注外部和区别
                  │        │        │
                  │  层级  │  市场  │
                  │        │        │
                  └────────┴────────┘
                     稳定性和控制
```

图 2-1 竞争价值框架

卡梅隆和奎因(1998)建议采用六个指标,即显著特征(dominant characteristics)、领导风格(organizational leadership)、组织凝聚(organizational glue)、战略重点(strategic emphases)、员工管理(management of employees)和成功标准(criteria of success)来检测企业文化。

与其他组织层面测量量表相比,OCAI 尤其在企业文化变革方面具有较大的实用价值。

(二)丹尼森(Denison)组织文化问卷

丹尼森组织文化问卷是由丹尼森研究开发出来的,是一种强有力的企业文化诊断工具。丹尼森指出,企业文化的特征主要表现为参与性(involvement)、使命性(mission)、适应性(adaptability)和一致性(consistency)。这四种文化特征又分别通过三个维度来进行衡量。相对来说,利用这个方法研究企业文化所揭示的内容更加详细,因此,OCQ 量表较 OCAI 量表更可靠,是一个有效的企业文化实证研究工具。

1. 参与性

考察与测量参与性的指标主要有授权、团队导向和能力发展。企业在参与性文化特征上的得分情况,能够反映出企业团队建设、培养员工能力的情况以及员工的主人翁意识和工作积极性情况。

2. 使命性

考察与测量使命性的指标主要有愿景、目标、战略导向和意图。企业在使命性文化特征上的得分情况,能够反映出企业目标和志向的长远和明确程度以及员工的理解和认同程度。

3. 适应性

考察与测量适应性的指标主要有组织学习、客户至上和创造变革。企业在适应性文化特征上的得分情况，能够反映出企业的环境适应能力、变革创新能力、捕捉顾客需求的能力以及员工的创新学习能力。

4. 一致性

考察与测量一致性的指标主要有核心价值观、配合、协调与整合。企业在一致性文化特征上的得分情况，能够反映出企业用于衡量企业的内聚力状态和向心力的情况以及员工的认同感和期望值。

与 OCAI 量表相比，丹尼森的 OCQ 量表包含更多的子维度，因此在揭示企业文化内容方面显得更为细致。该模型不仅有其研究和学术价值，同时由于它从具体的商业运营环境中发展而来，直接与企业经营业绩相联系，易于应用，并且由于该模型已经建立了 500 多家企业的常模①，因此它有相对较好的可靠性。

企业文化与经营业绩的关系密切相关。当代中国企业越来越认识到企业文化对企业经营业绩的重要性。许多著名企业都投入很大精力建设其独特的企业文化。但是，企业文化建设并不简单意味着组织一两次文化活动、职业技能比赛，或者 CIS 策划。企业文化的内容在丹尼森企业文化模型中进行了综合、全面的概括，为中国的企业文化研究者们提供了对中国当代企业文化进行实证研究的一个有效且实用的方法。

（三）霍夫斯塔德的文化维度理论

霍夫斯塔德通过文献回顾，从企业文化层次结构的角度，提出企业文化是由核心层—价值观和行为层—实践构成的复合体。霍夫斯塔德提出的文化维度主要包括个人主义与集体主义、权力差距、规避不确定性、刚柔性和长期方向五个维度。

1. 个人主义与集体主义（individualism/collectivism）

个人与群体之间的关系紧密程度表明企业文化是个人主义倾向还是集体主义倾向。个人主义倾向的企业文化关注个人目标的实现，人们需要自己照顾自己和直系亲属，在集体内外的行动表现无区别。集体主义倾向的企业文化更关注集体目标的实现，人们对内部集体绝对忠诚，期望内部集体照顾自己，在集体内外的行动表现上有明显区别。

2. 权力差距（power distance）

拥有较少权力的员工在多大程度上接受企业对权力分配不均的这一事实表明企业文化权力差距的大小。偏向权力差距大的企业文化，企业认为权力是社会的基本因素，注重强制权力和指挥权力。而偏向权力差距小的企业文化，企业认为权力的行使是合法的，注重专家权力或合法权力。

---

① 常模是一种供比较的标准量数，由标准化样本测试结果计算而来，即某一标准化样本的平均数和标准差。它是心理测评用于比较和解释测验结果时的参照分数标准。测验分数必须与某种标准比较，才能显示出它所代表的意义。

3. 规避不确定性（uncertainty avoidance）

员工对不确定性的态度表明企业文化是规避不确定性较强的文化还是规避不确定性较弱的文化。具有规避不确定性较强的企业文化的企业，通常都会通过高度的预防措施来提高确定性，针对每一种可能的情况制定清晰的社会规范和原则。具有规避不确定性较弱的企业文化的企业则相反。

4. 刚柔性（masculinity/femininity）

企业对性别社会角色划分的理解表明企业文化的阳刚型倾向或阴柔型倾向。阳刚型企业文化明确划分社会性别角色，员工认同成就、雄心、物质和权力等核心价值观。阴柔型企业文化对社会性别角色的划分有所重叠，员工认同生活质量、服务、帮助他人和养育子女。

5. 长期方向（Long-term Orientation Index）

关注长远利益还是短期利益表明企业文化的长期方向倾向。长期导向的企业文化，考虑未来，关注事物的动态发展，做事情留有余地。短期导向的企业文化，考虑过去和现在，关注短期利益，不容拖延。

1987 年，中国文化联结机构以 22 个国家作为研究调查对象，以东方文化构面为基础，发展出基于东方文化的四个文化维度，即长期导向、合作性、仁爱心和道德纪律。长期导向表示对待长期生活的态度。长期导向高的社会，人们倾向于节俭、积累、容忍和传统，追求长期稳定和高水平的生活。合作性表示人们之间相处和睦、友好、认可的程度。仁爱心表示人们对待他人的礼仪性、耐性和爱心程度。道德纪律表示人们远离不符合道德和规范事务的距离和坚定的态度。①

（四）查特曼企业价值观量表

企业价值观是一种内在化的规范信念（internalized normative beliefs），可以用来引领企业成员的行为。美国加州大学的查特曼教授通过回顾学术和实务型文献，对价值观做了操作性定义和测量，筛选出 54 条关于价值观的陈述句，构建了企业价值观的 OCP 量表。OCP 量表普遍适用性强，所以当进行一些以行业为背景的研究时，还需要对 OCP 进行修订、替换或加入新的价值观维度。在西方国家，OCP 是影响力最为广泛的企业价值观测量量表之一，在我国台湾和香港地区也有一定的影响。

OCP 量表采用 Q 分类的计分方式，被试者被要求将测量条目按最期望到最不期望或最符合到最不符合的尺度分成 9 类，每类中包括的条目数按 2—4—6—9—12—9—6—4—2 分布，实际上是一种自比式的分类方法。后来加基（Judge）将 OCP 精简为包括 40 个测量项目的量表，Q 分类按 2—4—6—8—6—4—2 分布。②

---

① 华瑶，王素娟. 论企业文化及其评价体系的建立 [J]. 工业技术经济，2003（4）：31 – 32.
② 胡婉丽. 组织文化测量模型、测量工具与实践述评 [J]. 南京理工大学学报（社会科学版），2012（1）：119 – 124.

（五）郑伯壎的组织文化价值观量表

最早在我国进行量化研究的是台湾大学的郑伯壎教授。他在沙因研究的基础上设计了组织文化价值观量表。VOCS 量表包含科学求真、顾客取向、卓越创新、甘苦与共、团队精神、正直诚信、表现绩效、社会责任和敦亲睦邻九个维度。[1] 郑伯壎对这九个维度进行因子分析后，发现可得到两个高阶维度：外部适应价值（包括社会责任、敦亲睦邻、顾客取向和科学求真）和内部整合价值（包括正直诚信、表现绩效、卓越创新、甘苦与共和团队精神）。

VOCS 量表是完全本土化的量表，在中国企业文化测量方面具有开创性。郑伯壎还应用 OCVS 量表，通过不同的契合度计算方式，考察了企业价值观和个体结果变量之间的关系，但是比较抽象，不易得到被访者的理解。[2]

（六）北京仁达方略管理咨询公司的企业文化测评

北京仁达方略管理咨询有限公司的领导者企业文化倾向评估问卷（Leader's Preferred Culture Assessment Instrument，L—PCAI），是在奎因的 OCAI 量表基础上，通过反复论证以及在多家企业的实证检验中逐步开发而成的。目前，该问卷已被应用于对我国某些企业与机构的文化框架评估中，评估效果还有待检验。

2001 年，仁达方略管理咨询有限公司根据霍夫斯塔德的企业文化分析方法和维度划分，开发出了"企业文化诊断评估系统"（CMAS），其核心也是通过维度和要素的划分，使用调查数据和综合考量技术（如 SWOT 分析），准确寻找企业价值观的核心层面。

仁达方略公司开发的 CMAS 企业文化诊断与评估系统包括问卷调查（含问卷和量表）、深度访谈、历史资料回顾以及企业文件研究、产业发展研究与行业研究、现场调查等。

（七）东方国家企业常用的测量维度

张德教授认为目前可以看到的具有东方文化特征的企业文化测量维度都是儒家思想与现代企业管理思想的结晶。他提出了常见的企业文化测量 14 维度，主要包括领导风格、能力绩效导向、人际和谐、科学求真、凝聚力、正直诚信、顾客导向、卓越创新、组织学习、使命和战略、团队精神、发展意识、社会责任，以及文化认同。

如今对企业文化诊断的研究无论是定性研究还是定量研究都只是注重从单一的方面对企业文化进行测评。主张定性研究的学者认为定性研究才能反映出企业文化的现状，定量研究不能深入企业文化的基本假设和结构。同样，定量研究的学者认为定性的研究方法时间长、收效慢，对探讨企业文化与组织行为和效益的关系时，很难提炼

---

[1] 郑伯壎. 组织文化价值观的数量衡鉴 [J]. 中华心理学刊，1990 (32)：31-49.
[2] 张旭，韩笑. 企业文化评估模型开发及应用 [J]. 科学学与科学技术管理，2008 (1)：149-150.

出量化的数据。人的行为是可以被分析并进行定量分析的，因此西方管理理论认为企业文化可以进行定量分析。但是，在以感性思维为主导的企业文化建设中单纯采用定量测量的方式将使文化本身以及文化的实践变得索然无味，而且确实难以全面揭示文化应有的面貌，因为企业文化并不仅仅是管理技术的问题，它更多的是涉及管理哲学的问题。对于管理技术我们认为是可以用定量的方式进行分析与应用的，但对于管理哲学我们却很难用定量的分析工具进行分解。企业文化的测评需要定性与定量研究方法相结合。

定性分析侧重采用访谈和问卷的方法，深入挖掘企业文化的深层次的内容，发现内在的企业文化，包括企业的哪些价值观对企业的故事、思维有影响，企业内部的理念与假设如何影响企业整体的发展和运作的。定量分析侧重于测量外在的企业文化所反映的企业的理念与价值观，在定量分析中评价出企业文化现状，同时还可以将之与同行业、同类型的企业进行对比分析，可以与具有优秀企业文化的企业进行比较分析。另外，将定性与定量测评出的企业的内在文化与外在文化进行对比分析，从而得到反映企业文化的真实信息和资料，并根据测评结果不断地改进企业文化，更好地指导企业文化建设。

第三节　企业文化诊断的步骤

在开展企业文化诊断的工作中，诊断工作一般包括量表编制、问卷调查、资料研究、深度访谈、现场调查、诊断分析和撰写诊断评估报告等步骤。下面就各部分分别进行简要的介绍。

一、量表的选择与编制

企业文化测量旨在科学测量企业文化，实现真正科学、精细、有效的文化管理。企业文化诊断的方法既可以按研究的"质""量"分为定性诊断方法和定量诊断方法，又可以按研究的"组织层面""个人层面"分为组织层面诊断方法和个人层面诊断方法（各种方法已在第二节介绍，这里就不再赘述），需要深入理解各种诊断方法的各自适用的条件以及优缺点。因此，在进行企业文化诊断的过程中，根据企业实际情况和文化诊断目的，选择合适的企业文化测量模型作为编制量表的基础。可以参考某一种文化测量模型拟出所要编制的量表，也可以综合几种理论拟出所要编制的量表。比如，根据企业实际情况而修正的奎因的 OCAI 量表或仁达方略在 OCAI 量表基础上完善的 L‑PCAI 量表（领导者企业文化倾向评估问卷）常常被用来对企业中高层管理人员进行企业文化类型的诊断以及变化变革的方法比对，而丹尼森组织文化调查问卷则适用于全体员工。

二、问卷编制

问卷编制一般包括以下几个步骤：明确调查目的，了解企业现状，编制调查问卷，测试问卷并修正。

以员工满意度评估为例，首先，要明确进行员工满意度调查的目的，比如是为了改进员工的工作状态还是提升员工的工作士气。其次，了解企业现状，按照基本情况、行业情况、经营及管理情况进行分类调查。再次，明确从哪些维度调查员工满意度，并列出题目，设计调查问卷。最后，试测员工满意度调查问卷并进行修正。

问卷调查是进行调查研究非常有效的手段之一。在制作调查问卷时，要注意以下三个细节：一是注意问卷的用词和格式。如果提问用词含混不清，受访者就会不知所措，无法作答。另外，卷面排版格式要整齐。二是注明提示与说明，帮助受访者能够清晰准确地回答问题。三是注意抽样的科学性与问卷的针对性。要获取更系统和详细的企业文化信息，有必要在文化评估层面设计差异化的问卷。选取被调查者要注意实现抽样的科学性和问卷的针对性。

三、资料研究

了解企业内部情况，就必须收集相关素材材料，进行文件资料的研究，这包括国内外相关企业成长资料，国家和行业政策资料以及企业管理中的各项规章制度和管理文件等。

一般情况下，在做企业文化诊断时，需要调阅的文件资料包括：企业组织结构图；对企业有影响的企业发展战略政策的资料；行业的相关资料；历史沿革、对企业发展有重大影响的事件说明材料；企业今年有关收购、兼并、分立、改制、重组等方面的资料；企业领导近一年内的讲话记录；企业历年生产经营情况；机构设置和人员配置的详细情况；领导职责分工情况；在人力资源方面的规划介绍，包括预期未来的人员结构和目前采取的措施；工资福利现状、在年龄、职位、职称和学历等因素方面的分布结构；人员提升、发展状况，人员流动状况；部门职责；高层领导近期提倡的口号、标语等；人事管理方面的详细规章制度、政策；思想政治方面的学习制度、学习文件；企业管理中的制度文件；人员培训状况，包括培训制度、政策、培训、内容和周期等；发行的内部刊物；宣传渠道、采用的思想政治工作方式介绍；企业先进事迹、先进员工资料；员工活动资料；内部关注员工生活的各个协会的详细介绍资料；如可能，还包括业内其他单位企业文化建设的情况资料。

四、深度访谈与现场调查

深度访谈的目的是与不同层次的工作人员进行采访和研讨，以提高对资料的广泛了解。主要包括高层访谈、中层访谈和基层访谈三种类型。高层访谈是指通过与企业高层管理者座谈，理解企业发展和企业文化的愿景，察觉和识别高层管理者的领导风格以及对员工的基本假设。中层访谈是指通过与中层管理者的座谈，了解企业战略方针的执行情况，辨识与基层员工的关系以及管理中存在的问题。基层访谈是指通过与基层员工的座谈，了解员工的需求现状、期望、对管理者的看法以及管理中存在的漏洞。

现场调查是通过观察的方法进行信息补充调研。

深度访谈和现场调查方法一般由第三方组织进行才能相对客观中立，从而取得最佳效果。

五、诊断分析

基本数据的收集和统计通常用 SAS（统计系统）和 SPSS（社会科学统计）就可以完成。有关企业文化的问卷通常包含较少的数据变量，数据结构简单，可以使用 SPSS 和 Excel 计算分析。

问卷中记录的数字变量主要基于调查中收集的员工信息，以及反映员工行为的数值。

数据分析中的统计方法有以下三种[①]：

第一种方法，首先是梳理企业员工的基本信息资料，比如性别、年龄、学历、工作类别、工作时间、技术职称、部门等。其次是分析基本的频数和比例结构，建立不同类别的员工在价值观的认知、对未来态度、同事关系、上下级关系的文化维度差异。最后，得出相关结论。

第二种方法，首先，计算所有变量的基本统计量，比如均值和标准差，初步了解数据的全貌，从整体上知晓企业文化。其次，分组处理数据，比较均值，分析方差。最后，得出各细分群体的差异程度结论。

第三种方法，首先，对各影响因素进一步分类，通过相关分析、聚类分析和因子分析等找出各要素之间的相互关系。其次，找出起根本性作用的变量。最后，从总体上改善企业文化状况。

六、撰写报告

一般来说，撰写企业文化诊断与评估报告可以遵循以下示例的提纲内容。具体操作的时候，可以根据企业的实际需求进行适当调整。[②]

示例：

第一部分　项目概述

（一）项目背景

---

① 王吉鹏，李明. 企业文化诊断评估理论与实务［M］. 北京：中国发展出版社，2005.
② 韩小平. 金钼集团企业文化体系研究与设计［D］. 西安：西北大学，2009.

（二）本报告的主要任务

（三）诊断的基本原则与目标

（四）项目执行过程

（五）数据来源

（六）样本构成与分布

第二部分　企业文化诊断与评估

（一）企业文化状况总体评价

（二）企业文化的主要优势与问题

（三）企业文化的维度分析

（四）企业文化建设评估

第三部分　企业文化状况基础诊断分析

（一）问卷数据分析说明

（二）企业文化维度要素分析总述

（三）企业文化维度分析

（四）员工分析

第四部分　企业文化 SWOT 分析

（一）战略 SWOT 分析

（二）管理 SWOT 分析

（三）市场 SWOT 分析

（四）文化 SWOT 分析

（五）人员 SWOT 分析

第五部分　企业文化建设评估

（一）企业文化历史与现实评估

（二）企业文化主体评估

（三）企业文化建设意识评估

（四）企业文化理念体系导入契机评估

第六部分　结束语

思　考　题

1. 请描述沙因的组织文化理论框架。
2. 应如何利用奎因的竞争性文化价值模型？
3. 适合我国企业文化测量的维度有哪些？
4. 如何测量你所在企业的企业文化？
5. 请为你所在的企业设计企业文化测量量表。
6. 请谈谈你对企业文化的可测量性是怎样理解的。

第三章 企业文化理念体系设计

【学习目标】

1. 知识目标：了解企业文化设计的原则。
2. 能力目标：掌握企业文化理念层各要素设计的方法。
3. 育人目标：了解优秀企业文化理念的主要观点，培养学生突破陈规、大胆探索、敢于创造的精神。

【故事导入】

一封未雨绸缪的文化升级全员信
——京东集团的"T型文化"

2018年3月30日，在京东吉祥物"Joy"生日当天，京东集团董事局主席兼首席执行官刘强东对外郑重发布了以"基业长青，文化先行"为主题的《2018京东价值观全面升级全员信》，标志着京东的价值观由过去的"一个中心四个基本点——客户为先，诚信、团队、激情、创新"全面升级为一体两翼的"T型文化"，即"正道成功""客户为先""只做第一"。而就在全员信发布的前半个月内，京东全集团的高管围绕一件客户投诉案例进行多次剖析，开展了深刻的反思。

刘强东在信中直言，为一起投诉在全公司上下进行深刻反思、架构调整，在京东的历史上应该是第一次。此次文化升级，看似因这起客户投诉事件而起，但实质上有其背后更深层次的原因，并且应是酝酿已久的。我们又该如何深刻理解这封未雨绸缪的全员信？

对于"T型文化"，刘强东进一步作出解释："正道成功"是整个价值观体系中的基石，也是京东基业长青的价值信仰。"客户为先"是京东成长发展的基因，也是京东一切工作的价值标准。"只做第一"是京东的精神内核，也是京东持续引领的价值驱动。

刘强东说："一位中欧校友在我们平台上一次非常不愉快的购物体验引发了舆论风波，事件发生后，京东高管围绕这个事件进行了多次讨论，并积极进行反思，为此，公司专门推出了全流程更高标准的客户满意度准则，并在集团层面成立了客户卓越体验部，以消费者体验为唯一依据和评判标准去推动各个部门提升服务水平、质量和客户满意度。"

刘强东强调,"安不忘危、盛必虑衰","尽管我们已经拥有了一定的行业地位,但距离我们的梦想还远没有达到可以停下来歇歇脚、喘口气的时候,更勿论对客户、对新模式、对竞争的傲慢和轻视,我们必须要再次以价值观为引领,进行思维方式和行为准则的全面升级!"

资料来源:何建湘. 企业文化建设实务(第二版)[M]. 北京:中国人民大学出版社,2019.

引言:企业文化设计是企业从文化的角度,从社会和竞争的角度,对企业自身进行定位,并以此为依据,整理、分析、审视和确认企业经营理念、方针,使之成为企业宗旨、精神的文化氛围。本章遵循一般企业文化的设计规律,阐述了企业文化的设计原则以及企业文化的精神层、制度层、行为层和物质层的设计方法和途径。

第一节 企业文化设计的原则

一、历史性原则

企业是历史的产物。所以,衡量企业文化的厚度需要考量历史的积淀情况。做企业文化设计时,既需要继承和弘扬中国传统文化,又需要传承和创新企业传统。一方面,从中国传统文化宝藏中提取精华的部分,比如自强不息、厚德载物的民族精神,勤劳、俭朴的优秀品质,集体利益至上的价值观念,重一致、和谐、礼让的社会意识,提倡德才兼备、知人善任的人事思想等。另一方面,从企业的发展历史中反复提炼,推陈出新,形成企业特有的淳厚的文化底蕴。

二、社会性原则

企业是存在于社会环境之中的。企业文化是社会文化的一个重要组成部分。所以,在设计企业文化时要重视企业和社会之间的"鱼水关系"。一是,企业要以社会主义核心价值观为指导,确立企业的经营目标。二是,构建企业文化模式要顺应社会历史趋势,将社会主流价值观纳入其中,完成企业的社会使命。

三、同异性原则

一方面,企业与企业之间的文化是有共性部分的,主要受企业的外部环境影响。另一方面,企业与企业之间的文化是有差异之处的,主要受各企业自身的内部环境影响。

所以，在构建企业文化的过程中，既要汲取其他同类企业的优秀文化，又要结合企业所在行业的特点、所处地域文化和自身发展规律。进行企业文化建设切忌照搬照抄、如法炮制，这样就可以避免造成企业文化千篇一律的现象，形成具有鲜明特色、独树一帜的企业文化，发挥企业文化的独特魅力，让企业员工更具有认同感。

四、一致性原则

企业文化的精神层、制度层、行为层和物质层这四个层面都要遵从于企业战略。企业文化的四个层面必须保持一致的管理理念，才能形成强大的凝聚力，推动企业战略的实现。所以，在企业文化的设计过程中，需要注意的是企业文化要与战略相一致，企业理念体系要与企业行动体系相一致。

五、前瞻性原则

企业竞争是全球性的、持续性的、激烈的竞争。企业能否走得更长远，能否从生产、销售、服务到管理取得全面性胜利，能否可持续发展应对未来新的挑战，取决于企业是否有更深远的眼光。企业的文化不是一成不变的东西，它是与时代的发展相适应的，需要不断推陈出新。所以，在设计企业文化的过程中，需要遵循前瞻性原则。企业文化设计应着眼于企业的发展战略和顺应时代的特征，根据企业内外部环境的改变进行调整和更新，保持企业文化的先进性、现代性，真正能够指导企业的发展。

六、操作性原则

企业文化建设的目的是解决企业内部出现的问题。因此，在设计企业文化过程中，需要遵循操作性原则，注重实际性和实用性。企业文化的设计和构建过程是发现和解决企业自身问题的过程。一个无法运作的企业文化只是空中楼阁，对促进企业的运作和管理毫无帮助，还会掩盖公司的真正目标，以致阻碍公司的发展。成功的企业文化设计能够提高企业运作效率和员工的凝聚力，统一员工的行为规范。因此，企业文化建设必须服务于提升企业基本竞争力。企业文化建设必须注重实用性和文化功能，既符合现实，又略高于实际工作，对经营活动有实践指导和工作促进作用。

第二节 企业文化精神层设计

企业文化的精神层是企业文化的核心和灵魂。企业在企业文化精神层的设计中，主要包括企业目标与愿景、企业价值观、企业经营管理理念、企业精神、企业作风等设计。

一、企业目标与愿景的设计

目标是一个组织或个人在一段时间内努力的预期结果。愿景指的是我们想要的公司的未来形象。它可以表明企业的生存区域和企业未来应该是什么样的。它可以促进企业对资源的总体意识，并就未来达成共识。共同愿景是一个组织的所有成员共同的抱负愿景和对未来发展的蓝图目标。

（一）分析企业的内外部环境和条件

企业在确定目标之前，必须首先弄清楚外部环境，如外部政治、经济和文化环境、竞争对手及合作伙伴的立场以及公司目前和未来规模。唯有通过透彻分析和评估自己所处的环境，以及所处的外部环境，公司才能明确最可行的目标。而那些没有正确分析和评估内外部环境的公司，则难以发现自己的定位偏差，很难达到自己预设的目标。企业环境分析包括：（1）对整个社会环境，包括企业所处的经济、政治、文化和技术环境的分析；（2）企业规模和发展状况的分析；（3）对竞争对手、合作方、供应商和与利益集团有关系的其他人进行分析；（4）对公司内部因素进行分析。

为完整、准确、客观分析企业内部和外部的环境和条件，企业可邀请外部专业公司或机构参与评价。分析结果和评价通常形成书面报告，提交企业主要负责人或最高层决策层，并作为重要内容以确定目标和制定公司战略。

（二）构建企业的目标体系

企业除了追求利润和参与经济活动外，还需要承担一定的社会责任和义务。因此，目前全世界所有现代和先进企业，无一例外都建立起多目标体系。在企业目标设计时，要根据企业的最高使命和目标，结合自身的实际情况，建立起不同目标组成的多目标体系。

（三）设计企业愿景

共同的愿景是凝聚企业力量的旗帜。一个企业只有建立一个共同的愿景，才能把所有人的愿望和努力吸引聚合起来。设计企业的共同愿景就需要明确企业存在的根源，凝练发展方向。当企业的共同愿景通过了可行性分析，才能成为对企业有价值的目标，才能使公司不断走向成功。

建立一个企业的最高目标（共同的愿景）通常需要回答三个关键问题，即：追寻什么？为什么追寻？如何追寻？回答这三个问题的过程就是确立最高目标的过程。对愿景的追寻就是对未来的追寻，是每个人都想共同创造的未来。追寻什么解释了组织目的或使命，它是企业存在的根源；为何追寻，描述了企业愿景的原因；如何追寻，明确了实现愿景的努力方向与实施计划。如何追寻的过程，就是分析企业最高目标是否可以实现的过程。只有通过可行性分析的最高目标才是对企业有价值的目标，才能使公司走向成功。

二、企业核心价值观设计

企业核心价值观是指企业价值体系中的核心价值观，它决定了企业价值的总体趋势。因此，核心价值观的设计是企业文化设计的关键环节。

（一）企业核心价值观的概念

简言之，核心价值观是判别事物的是非标准，一个企业遵循社会事务中的善与恶，即好坏观、荣辱观。企业核心价值观是在企业发挥重要作用的哲学信仰，是如何解决发展内外矛盾等一系列的准则，即企业对消费者、对市场、对员工等的态度，企业核心价值观影响着企业的生存发展。

需要注意的是，企业不能将核心价值观与其他要素混为一谈。企业的文化规范、战略、产品线、管理政策和组织结构等随着时间的推移都会发生变化。而核心价值观不会变。作为员工和企业追求最高纲领的企业核心价值观，是企业可持续发展的必然要求，它能够统领全体员工的思想和意志。

（二）企业核心价值观的设计原则和步骤

设计企业核心价值观时，要将社会主义核心价值观体系作为基本指导原则，要为实现企业的最高目标和共同愿景保驾护航，要与员工的个人价值观相结合。其设计的原则和步骤如下：

（1）在分析社会主流价值和企业愿景目标的基础上，初步提出企业核心价值观，接下来，分别在企业的决策层、管理层和员工代表面前讨论。

（2）经过讨论之后初步确定了核心价值观之后，逐步与企业其他文化层次的相关要素进行统筹协调融合，并将其转化为文字，不断进行修改提炼，形成完整、准确的公司核心价值观。

根据企业核心价值观设计的原则和步骤开展设计时，企业也可以根据实际情况灵活设计企业核心价值。例如，哈电集团将企业核心价值观具体地扩展为公司的事业观、服务观和品牌观。

三、企业经营理念设计

（一）企业经营理念的概念

企业经营理念有广义和狭义之分。广义的经营理念覆盖了整个文化的概念，泛指企业文化的观念层面，包括目标、价值观、创业精神、企业道德、经营风格、经营方式等。而狭义的经营理念指将生产和经营活动的经验凝练上升为企业管理哲学，以指导管理者和员工作为生产经营过程的遵循。经营理念是企业经营哲学的具体体现。

国内外知名企业的实践证明，企业未来的管理将以经营理念管理为主导。海尔集团就是一个典型案例。海尔集团的成功得益于海尔文化和海尔理念的成功。海尔集团首席执行官张瑞敏提出的"斜坡球体论""与高手下棋论"等管理理念指导了海尔的持续发展。在企业并购过程中，海尔集团不是派财会人员到被并购企业，而是派海尔集团文化中心的人员去，让被并购的公司首先接受海尔的市场意识和经营理念。通过对经营理念的洗礼和认同，被并购企业的员工真正转变成海尔人，从而激活被并购企业这条"休克鱼"。

经营理念是企业经营哲学的具体体现，它体现了企业的价值和期望行为。彼得斯和沃特曼在他们的著作《寻找优势》中指出，优秀的公司都注重公司经营理念，通常强调以下三个方面：（1）强调顾客导向，体现顾客价值，尊重顾客；（2）以行业或世界第一为目标；（3）强调尊重人性和个性。

（二）企业经营理念的设计方法

1. 确定表达范围和重点

企业经营理念的设计必须从企业战略出发。但是，值得注意的是，企业经营理念应该集中在关键战略点上，有所侧重。如不断明晰企业竞争中选择市场导向、生产导向还是技术导向。企业经营理念设计还要明确企业理念表达的重点，是强调经营目标、经营思路还是管理政策？还是兼而有之。一般来说，虽然表达越长越完整，但文本内容越长，重点越不突出。

2. 确定表达结构

根据企业经营的内容，即对外树立企业良好品牌形象，对内维持经营秩序，企业经营理念的表达结构可分为对外的表达结构和对内的表达结构。不管哪种表达结构都需要以规范经营为基础。

3. 确定表达内容

企业经营理念设计的关键是如何表达企业的经营理念，使社会和企业内部人员能够清楚地理解公司的经营思路、政策、方针等。虽然不同企业的经营理念有很大的不同，但总结起来它们也有很多共同点。

例如，日本企业的经营理念所具有的共同内容包括：（1）面向公众意识；（2）人本主义；（3）不断创新；（4）珍惜信誉；（5）明确使命；（6）服务导向。[①]

（三）企业经营宗旨的设计

企业经营宗旨是为实现最高目标而制定的企业政策，是企业经营理念的有机组成部

---

① 张德，潘文君. 企业文化（第2版）[M]. 北京：清华大学出版社，2013.

分。在企业内部，企业经营宗旨是指导和规范企业和员工行为、履行企业社会责任的思想武器。在企业外部，企业经营宗旨是公司向社会发布的声明，是引导消费者和公众认识企业的一面旗帜。

设计企业的宗旨，一般要明确企业的增值活动、产品或行业、客户或市场、企业的贡献等内容。

四、企业精神设计

（一）企业精神的概念与设计原则

企业精神是指在企业经营过程中为寻求生存和发展、实现自身价值体系和社会责任而形成的一种人格群体心理状态的外部化。它深深扎根于所有员工的头脑中，并反映在整个公司的实践中。

在不同的条件、环境和背景中，每个企业形成的企业精神是不一样的。作为企业文化的重要组成，无论企业的精神气质和具体的文化倾向如何，企业精神必须充分反映企业的共同价值和时代精神，包括社会提倡的美德、开拓精神、创新精神、爱岗敬业精神和团结协作精神。

（二）企业精神设计的方法

1. 员工调查法

企业精神设计过程中，列举可以作为企业精神的要素，并开展深入调查，向企业管理人员和普通员工调研。根据他们的意见、经验、感受和原因解释，调整企业精神要素。这种方法在更新企业文化时通常采用，但缺点是耗时、耗力，且观点分散。但它很容易被员工接受，因为它来自每位员工，有良好的大众基础，它可以很快在人群中实行。

2. 典型分析法

企业精神设计过程中，可收集企业英雄（或先进工作者）的信息，这些英雄往往被浓缩和体现着企业精神。通过对这些英雄的思想和行为的深入分析和研究，就可以确定企业精神的要素。这种方法也很容易被员工接受，但当企业英雄不是很突出的时候，企业英雄的选择就比较困难。

3. 领导决定法

企业精神设计过程中，直接由企业管理者来决定企业精神也是一种方法。因为企业管理者对企业的整体发展有很高的认知，对企业的历史和现状也有充分的了解。这种是最有效和最快的方法，但在很大程度上受管理者的个人素质的影响，在推行时需要做大量工作。

4. 专家咨询法

企业精神设计过程中，将企业的经营战略、现状、存在的问题和历史经验等资料交由企业文化建设经验丰富的管理学习或咨询公司来研究确定。这种方法所决定的创业精神站位高而远大，可以体现企业管理界的最高水平。然而，其局限性是，专家对企业的理解可能不会很快被员工接受，因此需要大量的时间来宣讲落实。

思 考 题

1. 企业文化理念层包括哪些要素？
2. 试比较企业愿景与企业使命的异同。
3. 企业价值观的作用是什么？它有哪些影响因素？
4. 结合实际谈谈如何塑造现代企业精神。
5. 如果你负责为即将成立的一家高科技企业设计企业文化，你认为它的理念层应该具有哪些特点？
6. 假如你被任命为一家长期亏损企业的总经理，你将如何面对原有的企业文化理念层？

第四章　企业文化行为规范设计

【学习目标】

1. 知识目标：了解企业作风设计的原则。
2. 能力目标：掌握员工行为规范的内容和设计的方法。
3. 育人目标：培养学生家国情怀，注重家庭、爱父母、爱家庭、爱祖国。将家国情怀内化于心，将爱国之心外化于行。

【故事导入】

联想的罚站制度

联想集团有个规矩，凡开会迟到者都要罚站，管理层也不例外。对于成年人来说，罚站既严肃又令人尴尬，并不是迟到后悄悄站到会场后排就可以，而是等迟到的人进来，会议全部要停下来，所有参会者静静地看着迟到者站够一分钟，有点儿像默哀；而在更大的会场上，会采用通报的方式让大家引以为戒。

据说在联想被罚过站的人不计其数，这不仅让人质疑这个制度的有效性。事实证明这种惩罚制度非常有效，它让员工们明白出了问题就要受罚，不管谁犯了错误都会受罚，这样公平感才会产生，团队才会精神百倍、更有凝聚力。

资料来源：张岩松. 企业文化理论·案例·实训［M］. 北京：清华大学出版社，2019.

引言：本章主要介绍企业文化行为规范设计，包括企业作风设计、企业文化制度层设计、企业文化行为层设计三个部分。

第一节　企业作风设计

一、企业作风的内涵

企业作风创造的文化氛围对任何外来的信息都起着选择和浸染作用。优良的企业作风可以确保企业的健康发展。设计良好、健康的企业作风,才能够抵挡住不良社会风气的影响,保证企业健康经营。

二、企业作风设计的步骤和方法

(一)准确把握企业风气

企业风气设计的目的是准确把握企业的整体作风。理解企业风气的前提是对企业作风的现状进行全面、深入的考察,从而认真区分现实的企业风气。在区分企业的风气时,关键是要知道现有企业风气是什么类型的。

可以使用问卷调查和访谈收集一般信息,了解企业的风气,也可以设计和组织一些实验,观察员工在工作和问题处理时的表现,通过个别案例深入了解。区分企业文化,要小心分辨哪些是个别现象,哪些是普遍现象,哪些是良好的风气,哪些是不良的风气。要重点分析不良风气形成的根源,通过批评教育等方式方法来提倡好的风气,改变不良风气。

(二)从实际环境出发确定特色

企业家应该从内部和外部环境出发,根据自己的特点来确定企业的特色风格。首先,工作风格必须在企业的创新机制中培养。通过创新增强企业内生发展机制的活力,进而营造以人为本、人人进取的良好氛围。例如,在用人评价机制中,坚持公平科学的作风;在分配机制中,坚持以贡献者为本、打破平均主义的作风;在培训教育机制中,要坚持学以致用、知行合一的作风等。企业可以扎实推行以上方面的风格转变,从而大大提高工作水平。其次,鼓励团结合作的工作方式。一个企业就是一个团队,必须杜绝个体利己主义和短视行为。团结可以成就成功业绩,团结可以造就干部。团队协作精神可以反映管理者的精神和格局,反映管理者的沟通能力和技巧。最后,综合考虑各方因素,进一步挖掘企业独特的作风风格。

(三)突出企业领导的作用

对于企业来说,凝聚力的关键在于大多数企业管理者是否能够以身作则,有效地发挥模范作用。因此,作风建设需要企业管理层以身示范,规范管理。在企业文化建设过程中要克服和避免"软、懒、拖、浮、散"现象。企业通过持续、长期的严格管理,能让包含管理者在内的全体职工感受到压力和责任的层层传导,才能激发职工主动性,凝聚追求完美和卓越的力量。所有职能管理部门都要严格管理、规范管理、大胆管理。权力意味着责任,不行使权力就是失职。所有部门都应该自我施压,努力提高工作质量。在以企业作风为基础的建设过程中,要突出领导的带头作用,通过对领导对自己的学习和监督,形成良好的风气。

（四）务实、求真、高效

企业作风建设工作的成败取决于以下三个方面：

（1）务实。作风建设的成效要体现在工作的成效上。务实是作风建设的重要行为取向。工作落到实处关键取决于要有正确的认识，要有健全的执行流程、制度，要有配套、完善的考核办法。

（2）求真。讲真话办实事是一个企业和全体职工应该做到的基本准则。只有言行一致、知行统一的企业文化才是优秀的企业文化。企业文化建设过程就是求真的过程，需要企业领导和全体员工反复实践总结提炼而形成的。这样的精神才能融化在员工的血液里，内化为员工的行为习惯。

（3）高效。工作中要克服执行力不强、效率意识淡薄、拖延、混杂、粗心等问题。所以，作风建设过程中，工作中要强调高效，强调执行力。

第二节　企业文化制度层设计

企业文化的设计不仅需要先进的企业精神，更需要企业文化的各个要素的执行和实施，这就需要制度层面的保障。本节系统地介绍了企业文化制度层设计的方法，包括工作制度、激励制度、责任制度、教育培训制度的设计。

一、企业工作制度设计

（一）工作制度的内容

工作制度是指企业各项工作流程的管理制度，是保证企业各项工作正常有序发展的必要保障。企业的工作制度，包括公司治理体系、计划制度、劳动人事制度、生产管理制度、服务管理制度、技术管理制度、设备管理制度、劳动管理制度、物资供应管理制度、销售管理制度、财务管理制度、福利管理制度、奖惩制度等。[①]

（二）工作制度的设计原则

工作制度在企业文化的具体实施中起着非常重要的作用。由于工作制度所涉及的内容具体且繁多，所以我们主要集中在企业文化的制度层进行设计。在企业文化体系下的工作制度设计应遵循以下三个原则：

（1）一致性原则。一个企业的工作制度是一个完整的体系。更为重要的是，这些

---

① 张德，吴剑平．企业文化与CI策划［M］．北京：清华大学出版社，2000．

制度必须与企业文化中的核心价值观、管理模式和经营哲学相一致，避免制度和文化"两张皮"。企业工作制度的相关规定应以企业文化核心价值观为统领，遵循和体现企业文化价值精神。符合上述标准的规章制度予以保留；错位的，改之；相悖的，去之。只有这样，工作制度体系才能形成，进而规范和指导企业员工的意识和行为。

（2）以人为本原则。制度不仅规范和教育员工，而且体现了企业的人文关怀，给员工以动力，满足员工的各种需求，为员工的自我提升和自我管理奠定了基础。例如，在医疗、保险等福利保障制度的设计中，要体现对员工身体和生命的关心和尊重，在人事制度的设计中，要体现对员工职业发展的保障和关注。

（3）公平公开原则。在设计制度时，员工代表应参与讨论和投票。这不仅有利于集思广益，更为重要的是，被认可后的制度能促进员工的接受和遵守，还可以培养员工的责任意识和民主意识。制度的设计方案也要坚持公平、公正的原则，这有利于制度的执行，维护制度的权威性和有效性。

二、企业激励制度设计

激励可以影响企业员工潜能的发挥。哈佛大学教授威廉·詹姆斯（William James）发现：在没有激励措施的情况下，员工仅仅用到工作潜力的20%~30%；在一个有良好激励的环境中，同样的人可以发挥80%~90%的潜力。设计和实施合理的激励制度是企业发展的必然选择。

（一）物质激励制度设计

物质激励的作用源于员工对基本生存、生活等基本生理需求，企业须确保员工有机会获得与其生产效率相适应的劳动报酬。为了实现员工合理的价值，在设计企业制度时要注意利益分配的协调。

（二）精神激励制度设计

精神激励的作用来自员工对生存和发展的更高层次的心理方面的需求。为了不断增强企业的凝聚力，企业必须不断让员工体验到精神上的"获得感"和"成就感"。在设计精神激励制度时，要充分考虑员工的内心期望、职业荣誉感等，充分尊重员工的个性特点，关注员工的内心需求。例如，设计评选和表彰制度，通过荣誉激励员工积极进取，以满足群体和个人自尊的需要，进而激发员工的热情，努力工作。

（三）发展激励制度设计

发展激励制度是基于员工自我"增值"需要而设计的一系列制度体系。企业必须让每个人都做他们"喜欢和擅长"的工作，并充分发挥他们的才能。企业须对员工进行科学的岗位设计和职业规划，让每个人都能以企业为平台实现人生目标和价值。

(四) 惩罚制度的设计

当前，不同的企业形成了自己的惩罚标准和方案。惩罚制度的设计和执行应考虑到：一是尽量不伤害受罚者的自尊心。惩罚的宣布应尽量减少对受害者自尊的损害。二是不要全盘否定。正确对待一个人的成就和错误，不完全否定他所有的努力和力量，在看到错误接受惩罚的同时，也要看到他的长处和积极的方面，促进他向好的方向转变。三是善用"杀一儆百"来惩罚，充分起到警示教育作用。四是避免执法不严、区别对待。完全由管理者来决定处罚是违反基本管理原则的而是应该遵循公司规章制度，并根据实际情况作出综合裁定。对于是否以及在多大程度上受到惩罚，也必须要依法做出决策。总之，惩罚要坚持原则与灵活性相结合，不仅要严格，还要在不违反制度的前提下掌握一定的灵活性，这是管理艺术的体现。

三、企业责任制度设计

(一) 建立责任制度的目的和基本做法

建立责任制度的目的和基本做法是：遵循责、权、利对等的原则，将企业的任务目标体系及保证企业任务目标得以实现的各项措施、指标，层层分解，落实到单位和个人，协同推进。

(二) 责任制度的三要素

企业责任制度的三要素是指"包""保""核"三个环节。"包"指的是企业将工作责任按层级关系从纵向上分解，最后落实责任到员工个人。"保"指的是企业将工作责任按组织构成成分从横向上划分，将责任落实到人。"核"指的是企业要考核员工、部门工作责任，将奖励和惩罚挂钩。

(三) 建立企业责任制度的注意事项

(1) 责任分解要体现出科学、合理、公正、公平。只有目标、任务、指标分解到每个单位、部门、岗位和员工时，且要坚持做到公正、公平、科学、合理，才能有效调动员工积极性。

(2) 注意发挥员工的主观能动性。为防止消极观念，在实施经济责任制度时要动员员工通过多种方式广泛参与制定责任指标。这样，员工贯彻执行时才会有主动性和积极性。

(3) 正确处理责任制度三要素的关系。把握关键要素"核"，防止考核不严的情况发生。

(4) 科学处理责、权、利三者之间的关系。"责"是核心和目的，"权"是履职尽责的保障条件,"利"是完成责任目标的利益分配。防止员工只以"利"为中心考虑问题。

四、企业教育培训制度设计

不断提高员工素质是建立良好企业文化的根本保证。为了培养一支高质量的团队,一是不断吸纳优秀的社会人才到公司,二是改进现有员工的培训机制,提高员工的理念和技术水平,从而优化团队结构,提高整体质量。

(一) 有效的教育培训制度的特点

(1) 培训目标要明确。要有选择地选定培训目标,优化企业员工整体素质。

(2) 培训工作常态化。教育培训工作需要制度化开展,使得员工能力实现螺旋式上升。目前,很多企业都对人员的培训学时有明确规定。

(3) 培训内容丰富化。教育培训的内容既应包括价值理念、职业道德,也应包括理论知识、法律法规等内容,还应涉及具体专业专题内容,全面丰富知识结构。

(4) 培训过程渐进推进。员工教育培训应该按规划逐级推动。

(5) 培训形式多样化。教育培训要采用多种方式来激发员工学习热情。

(二) 员工教育培训的内容

员工的教育和培训从组织结构的角度来看,可分为普通员工培训和高管培训。虽然管理人员(包括高层管理人员)只占员工的一小部分,但他们的素质对公司发展有很大的影响,因为他们在公司中占据着重要的技术职位和管理职位。因此,进行系统化和经常性的培训是必要的。

第三节 企业文化行为层设计

企业文化的行为层,是人与物质、人与企业经营制度的结合。本节主要介绍员工行为规范的设计和企业的风俗设计。

一、企业员工行为规范设计

在企业中,员工的行为规范是受企业理念、制度和习俗的长期影响而形成的。目前,很多公司都在有意识地提出并强调员工行为规范,通过在公司内部的倡导和实施,促进员工行为和工作习惯向公司期望的方向转变。越来越多的公司认识到员工行为准则的作用,并不断制定实施。根据企业运行的基本规律和许多企业的成功经验,我们认为，企业需要从仪容仪表、岗位纪律、工作程序、待人接物、环境与安全、素质修养等方面来制定员工行为规范。①

（一）仪容仪表

这是对员工个人和群体外部形象的要求，可以具体细分为服装、发型、化妆品、配饰等。出于工作安全的需要、质量管控的需要、企业形象的需要，许多公司在行为准则中包括员工的仪容仪表。

（二）岗位纪律

企业岗位纪律通常是指员工在工作中必须遵守的一些共性的要求，以保证每个工作岗位的正常运转。它通常包括作息制度、请销假制度、保密制度、工作状态要求以及工作作风等特殊纪律要求。② 一个企业只有形成一套严格系统的岗位纪律，才能够保证有序运转和良性成长。

（三）工作程序

工作程序是指能够确保企业高效有序运行的一系列程序性体系，具体包括接受命令、完成指令、尊重与沟通、重要事项报告等内容。工作程序是企业规章制度的一项重要组成部分。工作程序是大家都必须遵从的规定，所以程序设计必须明确清晰。

（四）待人接物

待人接物是指企业所规定的企业员工在各种假定工作场景应该履行的基本的举止、接待客人的方式、拜访的方式等。这些规范性的要求和标准体现了企业对外部利益相关共同体的基本假设，影响企业的对外形象，是企业文化的重要组成部分。

（五）环境与安全

企业要求员工保护环境，这既有利于建立和维持一个良好的生产和生活环境，还能直接有助企业形成良好的视觉印象。具体的环境保护规范，应根据企业的实际需要确定。企业应该要求员工建立安全意识，这是满足员工的最低层次的需要。各企业应根据不同行业的特点，制定不同的安全标准。例如，交通运输、旅游业和其他货运类产业通常强调安全驾驶。

（六）素质修养

员工的素质修养水平体现了员工的综合工作能力。因此，企业应将员工的素质修养要求纳入员工行为规范。企业可以在各类培训中增加提升员工素质修养的课程内容。

---

① 谢军，马树林，马俊，黄辉. 国有企业文化建设［M］. 北京：红旗出版社，2016.
② 张国梁. 企业文化管理［M］. 北京：清华大学出版社，2010.

二、企业风俗设计

企业风俗是企业长期形成且特有的仪式、风俗、节日等活动。虽然一些企业风俗在公司中没有明确规定，但它们在公司的行为体系中起着非常重要的作用，指引员工的行为方向。

（一）企业风俗设计的基本要求

企业风俗设计的基本要求是与企业文化结构的四层要素相适应。也就是说，企业风俗既要体现企业文化的精神内涵，又要与企业文化的精神层、制度层、行为层和物质层各要素相协调。

（二）培育企业风俗的原则

一是在企业风俗形成规律下循序渐进；二是通过监督和引导确保方向；三是通过发挥非正式组织的间接作用宏观调控；四是企业风俗要适度，不是越多越好。

示例：

《××公司员工行为规范（暂行稿)》

前言

先辈世代繁荣的梦想，民族振兴的希望，时代的革命精神，我之义不容辞的责任，铸造了××人。

××人应贯彻以结果为导向的目标责任制；为达此目标的双向沟通应不拘泥形式与级别；要实行严格的工作纪律，没有纪律任何目标都难以有效实现；商场如战场，如果没有纪律，就不可能胜利；我们鼓励员工不断改进工作，不断创新，勇于尝试风险，任何经过策划的试验失败了，都不会受到指责；我们坚持干一行、爱一行，人人都要实事求是定位自己；我们看重的是工作绩效，注重工作质量，品质永远是企业的生命线；我们任何时候都是为别人服务的，工作的目的就是为了推进到下一道工序。公司的最后一道工序是客户，因此要永远尊重你的客户，虚心听取下一道工序的批评。

第一条　爱祖国，爱人民，爱公司。

1. 不得在任何场合有任何有辱民族自尊的言行，遵守国家法律、法规。
2. 在公司内外都要注意维护公司形象。

第二条　以奉献的精神，为广大客户提供热情的咨询服务、高度的信誉、高质量的产品，要不断主动地去了解客户的需求、不满、愿望，并努力使他们满意。

1. 对客人要礼貌、热情、耐心，相关工作部门要主动服务，不可有过激的言行。
2. 对客人不可夸大其词、随意承诺，要言而有信。
3. 售后服务要细心，对客户的合理要求要尽量满足，合理收取费用；对不能满足的要做出解释。耐心倾听客户的投诉，找出事情发生的原委，并迅速解决。

第三条　团结协作，集体奋斗。

1. ××人必须奉行集体奋斗的原则，胜则举杯相庆，败则拼死相救。

2. 任何个人的利益都必须服从集体的利益，将个人努力融入集体奋斗中。

3. 任何科研、市场、信息的成果权属集体所有，相关工作人员皆可享用。

第四条　尊重与沟通。

1. 尊重知识，尊重人才，尊重个人尊严。

2. 与同事之间要和谐相处，不可恶言相向。

3. 干部与下属要不断沟通，坦言相告。

4. 不可诋毁同事的声誉，不可讥讽他人的成功。

5. 对人对事应坦诚、公正、客观。

第五条　开放胸怀，博采众家之长，兼收并蓄。

1. 不断学习国内外有益于××发展的经验和技术，加快××发展的步伐。

2. 不搞封闭的小圈子。

3. 勇于承认错误并改正。

第六条　遵守公司制定的各项规章制度。

1. 各级干部以身作则。

2. ××人必须同时遵守国家法规。违犯国家法律或严重违反公司规定将会受到严厉处分。

3. 上班时间佩戴工作卡。

第七条　品德高尚。

1. 不得利用工作机会和便利谋求私利，假公济私，贪污腐化。

2. 任何时候都要以公司利益和效益为重，个人服从集体。

3. 外事、公关活动要严格遵守相关纪律。一切涉外活动更要审慎，严格把关。

4. 对决定离职的人，可通过正常程序办理手续，不可鼓动别人一起离职而损害公司利益。

5. 不得从事第二职业。

6. 不应攻击同行，应在高层次上竞争。

第八条　电话礼仪。

1. 接听电话要迅速、热情礼貌、语气温柔。对于打错的电话要耐心说明或转告相关人，切勿生硬回绝，影响公司形象。重要事情要用书面答复并作记录，不得在电话中答复了事。

2. 电话中的言语要简练，不要长时间地占用电话而影响工作效率和下一个来电的接听。

3. 打私人长途要按规定使用个人密码，不能使用密码的地方，要自己记录并扣除费用。绝不容许上班时间私人通话。一天之内接听私人电话不超过三分钟。

第九条　工作认真，一丝不苟，不断寻求高效益。

1. 每天提前五分钟到达工作岗位，清洁办公桌面卫生和办公室环境，做好进入工作状态的准备，上班不许看无关书刊及报纸。

2. 下午推迟五分钟下班，清理收拾好文件、办公用品，并清洁周围环境，保持良好状态。

3. 领导交办的事情要认真处理，并及时进行汇报；事情发生变化或遇到困难时要尽快与领导商量，切勿因疏忽而造成重大损失。

4. 对本职工作要尽职尽责。对其他部门的工作可以提出建设性的建议，但不可指手画脚、越俎代庖。

5. 开会不迟到。确实不能参加会议时，应提前告诉会议召集人。

6. 召集会议应提前发书面通知，说明开会时间、地点、会议议题和结束时间，并确保通知到参加者。

第十条　注意实行相关技术和文件的保密。

1. 不随意向外人谈论公司机密。

2. 不随处丢放公司文件、内参和机密性技术文件。

3. 机密性文件的销毁要用碎纸机。

第十一条　勤俭节约，反对浪费。

1. 节约从自己身边开始。

2. 草稿纸可两面用，废的复印纸、打印纸皆可作为草稿纸。

3. 饭菜要适量。

4. 节约各种无形成本，反对浪费资源。

第十二条　保护环境卫生。

1. 办公室的垃圾要自动丢入垃圾桶，保持办公室的整洁卫生，保持厕所的公共卫生。

2. 不随处乱扔垃圾。

3. 办公场所不得吸烟，不能喝茶。

4. 饭后将餐具送回厨房，自己清洁垃圾。

5. 遵守社会公德。

第十三条　不断学习，积极进取。

1. 要以主人翁的态度，保持高度的热情，投入每一项工作中去。

2. ××人不但要适应现阶段的发展，更要考虑到未来的需要。

3. 艰苦奋斗，勤奋好学，自强不息。

4. 要勇于推荐和培养比自己强的人。

第十四条　言行得体，仪表大方。

1. 个人的言行举止代表公司形象。

2. 衣着整洁大方，不得在办公室场所着无袖衣、背心、超短裙，化妆要淡雅。

3. 相互礼让，排队就餐，上车时不为别人占座。

4. 上班时间不许闲聊，交谈应去会议室。

资料来源：张德，潘文君. 企业文化［M］. 北京：清华大学出版社，2014.

思 考 题

1. 列举你熟悉的一些企业的特殊制度。
2. 企业为何要设计员工的行为规范？
3. 俗话说"没有规矩不成方圆"，企业的制度是不是越多越好，越严格越好？
4. 你如何理解企业文化行为层和理念层之间的关系？

第五章　企业文化形象设计

【学习目标】

1. 知识目标：了解企业物质环境设计的内容和原则。
2. 能力目标：掌握企业视觉识别要素以及设计方法。
3. 育人目标：通过企业文化传播网络形式，培养学生弘扬党的优良传统，刻苦学习，增长才干，把自己锻造成堪当时代重任的接班人。

【故事导入】

北京冬奥向世界传递中国文化魅力

文化是一个国家、一个民族的灵魂。北京冬奥会会徽"冬梦"运用中国书法的艺术形态，将厚重的东方文化底蕴与国际现代风格融为一体，呈现出新时代的中国新形象、新梦想。特别是中国将奥林匹克运动所表达的个性张扬与中国所要表达的家国情怀相融合，给出了中国式的奥林匹克运动新的发展方案，更凸显了中华文化的内涵和特色。打开冬奥会的窗口，世界看到了一个开放、自信、生机勃勃的中国。

北京冬奥向世界传递中国文化魅力。北京冬奥会盛大开幕，让世界的目光再次聚焦中国。作为新冠肺炎疫情发生以来中国首次如期举办的全球综合性体育盛会，透过北京冬奥这个窗口，世界不仅看到了中国的大国风范，也见证了中国博大精深、源远流长的文化魅力。"中国场馆"处处彰显文化底蕴："雪游龙"采用了中华文化图腾"龙"的创意，16 个角度、坡度不同的弯道，如一条蜿蜒游龙盘踞在山脊之上；"雪飞燕"的整体轮廓似振翅欲飞的燕子，运动员滑行其间犹如飞燕驰雪；"雪如意"静卧于古杨树场馆群，整个跳台都散发着一种中国式审美。一座座流光溢彩、令人赞叹的冬奥场馆呈现在人们眼前，不仅成为展示中国文化独特性的重要窗口，还是展示我国冰雪运动发展的亮丽名片。

中国元素，擦亮中国文化名片。北京冬奥会是世界了解中国的重要窗口，也是中国与世界加深文化交流的重要契机。以国家速滑馆"冰丝带"为例，在场馆外围 24 个入口，分别布置了中国传统文化中的二十四节气，场馆标识系统与赛时景观、标识系统融合，增添了场馆的文化元素。北京冬奥会上的中国文化元素无处不在。从会徽到吉祥物，从奖牌到体育图标，北京冬奥会的系列设计，无不映射着中国文化的深厚底蕴与多姿多彩，既让全世界再次感受到中国文化的魅力，也展示着一个面向世界、生机勃勃的当代中国形象，更彰显了中国深厚的文化底蕴，折射中国文化自信。

北京冬奥会将中国文化和奥运精神传播得更深远、更广泛。中国文化多姿多彩、底蕴深厚，越来越多的中国文化被世界喜爱。如何把这种成功传递下去，向世界讲好中国故事？"冰墩墩"的形象启发我们：要热爱中国文化，进一步提升国家文化软实力，大力推进文化事业和文化产业的繁荣和发展，让中华优秀传统文化成为文艺创新的重要源泉。我们期待有更多中国风格、中国气质的文化产品在世界舞台上绽放光彩，让世界更了解中国，让不同文化背景的人在情感上更认同中国。

资料来源：潘铎印. 北京冬奥向世界传递中国文化魅力［N/OL］. 东方网·东方快评，2022-02-16，http://j.021east.com/p/1644980613048358.

引言：企业文化的物质层是企业文化的表层，人们通常以符号和材料的形式来感知它。本节介绍企业文化物质层的设计方法，包括企业基本标志设计、文化用品设计、产品造型包装、企业物质环境等设计。

第一节 企业标识设计

一、企业基本标识设计

企业标识是一种标准统一、形式简单的视觉符号。它可以清晰、准确地向公众传递企业的经营思想、企业文化、商业内容、公司规模和产品特征等元素，使公众能够识别并认同企业的文字或图像特征。一般来说，人们衡量一家公司是否具有主体性和独特性，往往都基于标识识别。因此，企业标识的设计不是普通美术工作者的工作，尽管它经常需要美术工作者的参与。它是洞悉企业发展和竞争态势、熟悉企业文化本质的高级管理人员和CIS（企业识别系统）策划人员的工作。企业标识的概念不应该仅仅是一种抽象的企业哲学，也不应该是一种日常文化，它更像是一份行动备忘录。

二、企业标识设计基本遵循的主要步骤

（一）明确企业标识设计目的

一般来说，企业设计出的标识需要符合自己企业想要展示的企业文化特点、企业主导产品特点等，以此建立起企业统一鲜明的形象和品牌形象。在决策是否更换企业标识时，一定要做出谨慎的决定。因为任何企业标识都有一定的价值，如果很容易被放弃，会导致无形资产的损失，导致业绩的损失。

（二）明确标识设计要求，确定设计负责人

企业标识设计不需要太具体。但是，有时也需要明确一些具体的文字。在确定设计要求后，就要选择谁来设计。许多公司将这项任务委托给广告公司或专业美术人员，一些公司向社会征求公众意见，还有一些公司发动内部员工参与。

（三）进行标识评价，确定最终标识

无论谁负责设计标识，都应该对各种候选标识进行评估，确定最终标识。有的企业标识由企业的最高决策层直接拍板决定，也有的则是由企业的管理者、员工代表和艺术家共同决定的。在正常情况下，广泛听取意见总是有益的。

（四）完成最终标识设计

确定公司标识的方案后，一般请专业人士完成最终设计并提交标识的最终效果图。这时，一般要求选择标准色和辅助色，标定尺寸的比例，使用场合等。[①] 如果是企业形象策划中的标志设计，按照约定也要做一个辅助标志。

第二节　企业文化用品设计

企业文化用品是指在公务活动中体现企业文化的企业旗帜、歌曲、服装和办公用品。企业旗帜、歌曲、服装等，是企业文化和企业形象的集中体现，是企业文化的物质层中能吸引人们的感官注意力的部分。信笺、信封、相册、纪念品等常见文化用品是企业文化外联的渠道。[②]

一、企业旗帜设计

企业旗帜对外起展示、宣传等作用，可以悬挂于企业门口等场所。需要特别注意的是，国旗的位置需要高于企业旗帜。此外，企业旗帜还可以印在员工外套和帽子上作为标志。从形状来看，企业旗帜大部分为长方形。

二、企业歌曲设计

企业歌曲，指企业专有的歌曲，俗称厂歌、司歌，是企业文化的重要组成和宣传载体，被众多的企业重视和使用。一首好的企业歌曲，能对企业形象的策划和推广带来很

[①] 欧绍华. 现代企业文化［M］. 湘潭：湘潭大学出版社，2014.
[②] 张德，吴剑平. 企业文化与CI策划（第4版）［M］. 北京：清华大学出版社，2013.

好的启示，对凝聚员工力量、增强向心力都具有不可忽视的重要作用。

一首企业歌曲的诞生，一般先有歌词，后有配曲。歌词既可以采用突出、形象、直接的表达方式来表现企业核心文化理念，也可以利用景物、场景、历史等要素，以比喻、联想的方式来展示和烘托企业的核心文化理念。

一首成功的企业歌曲通常有三个特点：一是反映了企业理念；二是易于学习和记忆；三是昂扬向上，催人振奋。

三、企业服装设计

企业服装设计一般遵循五项原则：一是体现职业性，企业服装设计应针对不同岗位、不同性别进行设计，体现职业差异性；二是符合经济性，企业服装设计应在保障服装款式、工艺、质量和功能的基础上，尽量降低成本；三是实现目的性，企业服装设计时应将企业标志在服装合适位置印制；四是达到审美性，企业服装设计要符合社会公众的审美标准；五是发挥功能性，企业服装设计可以根据自己行业特点和岗位性质，选定款式面料。

四、企业名片设计

企业名片设计不仅是员工的个人行为，还反映着企业的品位和层次。

名片是现代社交的必备用品。持有者的姓名、身份和联系方式，是名片不可或缺的三要素。

互联网社会，在传统纸质名片的基础上，企业还需要针对网络传播和社交的特点，设计电子企业名片。

五、企业画册设计

企业宣传画册是企业文化的基本载体之一，在企业的海外交流和公关活动中起着重要的作用。企业画册设计的主要内容有：企业核心人物致辞，企业概述和历史演变、企业文化表述、发展战略、组织机构、业务领域、主要产品和服务等。在画册的设计中，应该根据企业实际的业务增加或减少，尽可能地强调大多数读者想要理解的部分，而不必涵盖所有内容。另外，还应该有好的艺术设计，充分体现企业的文化品位。

六、企业纪念品和日常用品设计

企业纪念品要具有一定的使用价值和纪念价值。企业日用品有工作证、信笺、信封、文件夹、文件袋、记事本、及时贴、标签、灯箱、标志、路标、路牌等。反映企业文化的办公用品和工作用品，能够促进员工在日常工作中的认同感。[1]

第三节　企业产品造型和包装设计

产品根据其功能可分为三个层次：实质性产品、形式产品和附加产品。其中，实质性产品是指产品最基本的功能，是客户购买的主要动机。形式产品是指产品在市场上存在的形态，如外在包装、商标等，是客户购买的主要基础。附加的产品是指售前和售后服务，以及馈赠礼品等，是客户购买本产品的利益之和。实践证明，同样性能的产品，款式新颖和包装美观的产品总是处于更好的销售状态，因为客户除了得到产品的基本功能外，还"额外"得到了美的享受。当产品的造型和包装成为生产操作的要素时，它们也成为企业文化和无形资产的载体。

一、产品造型设计

产品造型是工业美术的主要内容之一，也是构成产品美学功能的重要组成部分。研究表明，产品造型不仅可以引导消费，还能够刺激和引导消费。在竞争激烈的市场中，优秀的产品造型设计能够使产品增值，提高竞争力。

造型设计要符合功能要求，注重安全性能，反映时代潮流。

二、产品包装设计

产品包装是指用包装物包装产品的活动过程。包装由标识（商标、企业或产品名称及标准字等）、形状（包装的几何形状）、色彩、图案、材料五个要素构成，是反映企业文化和企业形象的重要途径。成功的包装有利于客户识别产品、自我服务、建立企业和产品形象。它也为品牌创新提供了机会。

企业设计产品包装要满足四个要求：一是包装能够保护产品本身；二是包装可以便于使用；三是包装设计不管是从外观上还是功能上要新颖独特；四是整体协调，没有突兀感。

第四节　企业物质环境设计

良好的企业物质环境，不仅能让员工享受"美"，还能让他们在工作中感到舒适。

---

[1] 张德，吴剑平. 企业文化与 CI 策划（第 4 版）[M]. 北京：清华大学出版社，2013.

企业物质环境设计主要包括工厂的布局设计和企业工作环境的改善。

一、企业的布局设计标准

工厂是公司进行生产活动的地方，通常包括不同的车间。因为人是生产力的主体，所以工厂的生产环境需要具有丰富的文化内涵。从文化角度来说，只有在一个好的环境生产工作，才能有助于促进员工的心理和谐与团结，实现管理和美感的有机结合，充分调动员工的工作热情和创意能力，从而提高工艺技术，提高生产效率。

在工厂布局设计中，工厂位置的选择是设计工厂布局时要考虑的主要因素。首先是自然条件，即原料方便、气候好、地形适宜、水资源丰富、居住方便。其次是经济环境，要考虑临近市场的需求，是否容易进入。最后是社会因素，包括人力资源、治安情况以及政策法规等。

工厂的设计还要根据人员的生理特点设计符合科技工艺的流程。

二、工作环境的改善

优化工作环境是企业重视人的情绪和需求，激发员工劳动积极性的体现。它不仅能提高劳动效率和经济效益，还对建立稳定的生产群体具有凝聚作用，也有利于保持企业职工的身心健康。优化工作环境，主要开展下列工作：

（一）工作环境的色彩调节

颜色分为冷色和暖色，暖色为红、黄、橙，冷色为绿、蓝、紫。不同的颜色给人不同的联想和感觉。色彩协调的工作空间会让员工放松和快乐，激发他们的主动性和创造力。如，在冷性的工作环境中，如冷色仓库、冷加工车间、地下室、无窗工厂等，可以将墙壁涂成暖色，从而增加温暖明亮的心理感觉。在较热的环境中，如炼钢车间、热处理车间、体力较重的工作场所，可以使用冷色，从而缓解员工的焦躁感。在中性的环境中，颜色不宜太鲜艳，因为它会使人兴奋，容易疲劳；也不要太淡，会使人单调、无聊。机器和设备的颜色主要根据工作对象的颜色进行比较和选择。如果加工对象的颜色鲜艳，为避免视觉疲劳，机器和设备应涂有对比较强的暗色，反之则相反。

（二）保持工作环境空气新鲜

如果空气中的氧气含量低于正常水平，空气过于污浊，容易使人疲劳、困倦，导致工作状态不佳。一些特殊行业，如矿山、纺织、化工等企业，空气中粉尘和有毒气体含量过高，会导致爆炸等事故。在这些企业中，必须制定严格的检测制度，做好通风。一般来说，空气质量和工作场所的面积与人数有关。为了保持工作环境有足够的新鲜空气，两者应保持适当的比例。

（三）工作环境的照明应适当

工作环境的照明条件包括总体照明度、被观察物体的大小和亮度以及被观察物体与周围物体的对比度。照明昏暗会引起眼睛视觉疲劳，光线太亮会使人炫目，导致不适、厌烦、不安或注意力不集中。因此，工作场所必须保持稳定和理想的亮度。

（四）减弱噪声

噪声直接影响人们的听觉灵敏度，甚至损害听力。而轻柔的音乐不仅不会分散员工的注意力，还能激发员工的积极性，使心情愉快，敏感灵活，效率提升。

（五）设施设备要符合工作的基本需求

企业的设施设备既能服务于员工的工作、生活，保障环保与安全，还能服务于顾客。各类设施设备的配备情况以及完好程度都能反映企业的文化。办公室是最基本的工作设施，其分布、布置等都能体现企业的管理理念。办公室大小和职位挂钩反映了等级文化，而办公室大小一样则反映了平等的团队文化。

生活服务设施的水平能反映出企业以人为本的理念。餐饮、医疗、住宿、交通、健身等设施越完善、质量越高，说明公司越关心员工的生活和健康，就越充分体现以人为本的理念。对于测试设备、排气设备、保护设备、警告标志等与安全相关的设施和设备，既能反映公司的安全理念，也能反映公司的人文理念。企业对废水、废气、废物和粉尘等污染物的环境保护设施和处理设备的投资可以反映企业的社会责任。公司为客户提供的座椅、饮水机等设施和设备，体现了公司的服务理念。如果一家公司能够提供超出客户期望的设施和设备，它就会非常清楚地传达其服务理念。

（六）工作环境的音乐调节

柔和的音乐可以提高工作效率，而不是分散注意力。因此，在工作环境音乐中，一定要选择一些悦耳柔和的音乐，提高人体的感知能力和反应速度。播放音乐在选择过程中，一定要注意音乐的节奏。有必要使音乐旋律与工作节奏相协调，使工作节奏起到支撑作用，同时使时间节奏与空间运动相协调。通过这种音乐调节，员工将缓解疲劳感，产生一种融合节奏的愉悦感。

思 考 题

1. 请选择一到三个你熟悉的标志分析其设计主题和构成形式。
2. 请以某企业的形象设计过程为例，说明企业形象设计的程序。
3. 请为企业标志设计中的每一个主题收集两到三个标志，说明企业的象征物有哪些类型？
4. 如果要为你所在的组织选择一个象征物，你觉得选什么比较合适，为什么？

第六章　企业文化实施

【学习目标】
1. 知识目标：了解企业文化实施的路径以及企业文化实施考核方法。
2. 能力目标：掌握运用企业文化建设的一般方法及技巧。
3. 育人目标：在文化实施建设的过程中，培养个人的责任心和使命感，增强大学生的责任意识。

【故事导入】

华为的"狼性"与"做实"

"什么是核心竞争力？选择我而没有选择你就是核心竞争力。"华为的总裁任正非如是说。在华为，市场是靠在"前线"冲锋陷阵争夺来的，如今华为的产品已经跨越亚洲、非洲和欧洲，直至大洋彼岸的美国。营销是华为公司的核心竞争力之一，而华为营销的核心就是华为的营销铁军。

华为的营销铁军是如何锻造出来的呢？塑造"狼性"与"做实"的企业文化就是答案。

华为是一个巨大的集体，且员工素质非常高，85%以上都是名牌大学的本科以上学历。如何把这样一个巨大而高素质的团队团结起来，使企业充满活力。华为找到的秘诀就是团队精神——狼性，其核心就是互助。

华为非常崇尚"狼"，而狼有三种特性：其一，有良好的嗅觉；其二，反应敏捷；其三，发现猎物集体攻击。华为认为，狼是企业学习的榜样，要向狼学习"狼性"，狼性永远不会过时。

华为的"狼性"不是天生的。现代社会把员工的团队精神建设的问题留给了企业，企业只有解决好了才能获得生存、发展的机会。"胜则举杯相庆，败则拼死相救"是华为狼性的体现。在华为，对这种狼性的训练无时无刻不存在，一向低调的华为时时刻刻把内部员工的神经绷紧。从《华为的冬天》到《华为的红旗还能打多久？》无不流露出华为的忧患意识，而对未来的担忧就要求团队团结、再团结，不能丢失狼性。华为人认为只有这样，华为才能在绝境中求生。

华为的管理模式是矩阵式管理模式，矩阵式管理要求企业内部的各个职能部门相互配合，通过互助网络，任何问题都能做出迅速的反应。而华为销售人员在相互配合方面效率之高让客户惊叹，让对手心寒，因为华为从签合同到实际供货最多只要四天的时间。

华为接待客户的能力更是让一家国际知名的日本电子企业领袖在参观华为后震惊，认为华为的接待水平是"世界一流"的。华为的客户关系在华为被总结为"一五一工程"——一支队伍、五个手段、一个资料库，其中五个手段是"参观公司、参观样板店、现场会、技术交流、管理和经营研究"。对客户的服务在华为是一个系统，华为几乎所有部门都会参与进来，假如没有团队精神，不可想象一个完整的客户服务流程能够如此顺利地完成。

狼性是华为营销团队的精神，这种精神是很抽象的，而且也是很容易扭曲的，这就需要有一种保障机制，使得狼性可以保留，这种保障机制就是华为的企业文化。华为的企业文化可以用这样的几个词语来概括：团结、奉献、学习、创新、获益与公平。华为的企业文化还有一个特点就是：做实。企业文化在华为不单单是口号，更是实际的行动。

1. 团结

任正非在《致新员工书》中写道："华为的企业文化是建立在国家优良传统文化基础上的企业文化，这个企业文化黏合全体员工团结合作，走群体奋斗的道路。有了这个平台，你的聪明才智方能很好发挥，并有所成就。没有责任心，不善于合作，不能群体奋斗的人，等于丧失了在华为进步的机会。"华为非常厌恶的是个人英雄主义，主张的是团队作战。

2. 奉献

奉献可以分为若干个层次，第一层次是为华为人奉献自己的价值，使自己的团队更加卓越。为员工提供良好的发展前途，使其工作待遇在本土企业中无出其右者。第二层次是为自己的客户奉献价值，一方面，通过自己的产品为客户创造价值；另一方面，华为的营销手段已经超越了大多数企业的"吃喝玩乐拿"模式，而采用了"营销＋咨询"的模式，为客户提供电信运营解决方案。第三层次是要为整个社会、整个社区奉献华为的价值。实现这个价值华为主要通过两个方面来进行：一是生产出优质的产品；二是设立各种回报社会的基金，如寒门学子奖学金等。

3. 学习

在通信行业，技术更新速度之快，竞争之激烈是其他行业不能比拟的。要是华为学习能力不强，就一定会被淘汰。而对于学习，华为也有自己的观点："世上有许多'欲速则不达'的案例，希望您丢掉速成的幻想，学习日本人踏踏实实、德国人一丝不苟的敬业精神。现实生活中能把某一项技术精通是十分难的：您想提高效益、待遇，只有把精力集中在一个有限的工作面上，不然就很难熟能生巧。您什么都想会、什么都想做，就意味着什么都不精通。做任何一件事时您都是一个学习和提高的机会，都不是多余的。努力钻进去，兴趣自然在，我们要造就一批业精于勤、行成于思，有真正动手能力和管理能力的干部，机遇偏爱踏踏实实的工作者。"华为经过17年的发展，基本成为一个学习型组织，作为一名合格的华为营销人，必须具备诸方面的知识，比如，产品知识、专业知识、营销理论知识、销售技能技巧知识、沟通知识等。而对于任何一个人来说，这些知识不可能是先天具备的。这就要求华为员工必须具备良好的学习能力，而且还要养成学习的习惯。

4. 创新

华为公司推崇创新，且华为对创新也形成了自己的观点：其一，不创新是华为最大的风险。这个观点是对创新的肯定，因为华为的研发能力与国外同行相比还存在差距，所以华为必须创新。其二，华为创新的动力来自客户的需求和竞争对手的优秀，同时也来自华为内部员工的奋斗。这个观点解决了华为创新动力的来源问题，为华为找到了开启创新之门的钥匙。其三，创新的内容主要在技术和管理上。这个观点回答了华为要在什么地方创新。其四，在创新的方式上，主张有重点，集中力量，各个击破；主张团队作战，不赞成个人英雄主义。这个观点解决了华为的创新方式，集中了华为的有限力量，为确保华为创新的成功提供了方法保障。

5. 获益与公平

获益是华为文化的核心和基础。任正非说："华为企业文化的一个贡献是要建立一个公平、合理的价值评价体系与分配体系。"获益的含义是，对于为华为奉献的员工，华为会给予回报。拿任正非的话来讲，就是"我们崇尚雷锋、焦裕禄精神，并在公司的价值评价及价值分配体系中体现，绝不让雷锋们、焦裕禄们吃亏，奉献者定当得到合理的回报。"华为绝对相信重奖之下必有勇夫，华为的工资水平在深圳是最高的，在全国的同行中也是最高的，因为华为相信高工资是最大的激励。

资料来源：陈春花，曹洲涛，曾昊等. 企业文化 [M]. 北京：机械工业出版社，2012.

引言：企业文化设计之后是企业文化实施阶段。该阶段将企业文化设计之后的成果，即企业的目标文化在企业内部全面实施，进而得到全体职工的认同的过程。企业文化实施是企业文化建设的落地阶段，是最为核心，也是成功与否的关键。

第一节　企业文化实施的路径

企业的目标文化在企业内部全面实施并得到自上而下的高度认同，需要作出一系列努力。其基本路径是：通过不同的、专业的措施，实现目标文化在企业文化的理念层、行为层、制度层的应用，实现企业对目标文化从基本认知，到深入理解，再到成为习惯，加上物质层的不断烘托，最终形成企业职工自上而下的认同，并在实践中全面应用。

一、理念层：宣传培训、讨论沟通

（一）宣传培训

目标文化需要在企业内部进行大量的宣传，从而使企业的员工对其有初步了解和感知。这就需要企业利用各种方式进行目标文化的传播。因此，企业要利用各种资源进行全方位的传播，对员工进行多种形式培训。培训时，可采用聘请外部教师授课，也可让中层管理者用介绍和推介目标文化等方式，系统化介绍企业目标文化。

但是在实践过程中，需要注意以下原因会导致企业目标文化达不到"理解、认同、接受"的水平。

一是受培训质量的影响。培训中没有全面系统地体现目标文化的内容。一部分内容员工并没有认知，进而产生了理解偏差，甚至有些内容不是企业所倡导的，进而对整个企业文化的感知出现误解。

二是受员工个人因素的影响。由于动机不同、对新事物的态度不同、对新理念的接受能力不同、对新的文化的适应程度不同，人对于企业目标文化的接受，具有一定的选择性。一般情况下，这也会导致员工对新的企业文化的认知产生较大差别，甚至会对员工的具体行为产生指导偏差。

（二）讨论沟通

对员工进行企业文化宣传和培训之后，企业要进行企业文化讨论沟通。通过研讨会、辩论会等活动，进行系统性的讨论沟通，促进文化变革。讨论沟通中，企业领导要倡导全体员工结合岗位职责，与企业的各级管理者进行研讨沟通，对目标文化的建立提出意见。企业对大家的意见积极响应，认真反馈，通过互动，达成共识，促进文化变革。

二、行为层：榜样垂范、岗位实践

目标企业文化的建立需要在日常管理中和企业经营中贯彻和体现。在企业文化行为层，就要体现于企业领导的风格，体现于管理方法的改变，体现于企业模范或英雄人物的导向上，体现于企业各种活动的设计中。一切都要让员工感受到目标企业文化的内涵，体会到目标企业文化的导向。因此，要注意用以下几种方式进行企业文化行为层塑造。

（一）领导干部率先垂范

企业家是企业文化的缔造者。企业家要积极倡导、推行目标文化。企业的各级管理者都要先学先懂、先信先用，在实践中做好表率，作出榜样。企业的各级领导干部都要担负起建立企业目标文化的责任，树立建立企业目标文化的信心，坚决制止违反目标企业文化价值观的行为。

（二）树立英雄人物

典型人物和企业英雄是企业文化的具象体现和人格化身。企业要评选践行目标企业文化的先进人物，倡导先进，树立旗帜，使企业文化的推广落地变得具体而生动，发挥影响人物的感召力和示范作用。

（三）开展丰富多彩的文化活动

企业文化建设离不开文体活动——这一最外在、最直接的企业文化价值体现的形式。企业要精心设计文体活动，将目标企业文化的价值观融入其中，通过丰富多彩的活动来让员工在参与中、互动中感受文化的价值，进而对共同价值观的精神实质有了更深刻的理解和体会。另外，精心设计的问题活动能培养员工的优良品德，提升协作能力，倡导竞争精神和危机意识。

（四）付诸岗位实践

塑造企业文化还需要从实际工作出发，将目标企业文化的价值观融入企业日常运行中。全体员工，包括企业各级管理者都要对标对表，改变观念和作风，从具体事、身边事、日常事做起，在各自岗位职责体现文化价值观，改进工作、付诸实践。

三、制度层：保障文化、强化执行

企业目标文化要得以落地实施，需要制度的保障。将企业目标文化融入企业制度之中并严格执行，能够加快企业上下对目标文化的认同。同时，融入企业部门文化的制度，能够引导员工自觉遵循目标文化，践行目标文化。

（一）制度的制定

在企业文化建设中，制度层建设的内容覆盖全面，包括企业的制度体系、企业风俗和员工行为规范。具体地说，企业管理制度主要包括：业务流程的规范、岗位职能的规范、薪酬制度、绩效考核制度、奖惩以及激励制度、财务制度等，其中，涉及人力资源管理的薪酬、考核、奖惩制度更为重要。

为保证制度的科学、完善和使用，在制定制度时必须坚持以下原则：

1. 承载文化

即制度要充分传达和体现企业理念。企业必须以目标文化为核心来制定相应的制度，把目标文化渗透到企业的每一项规章制度、政策及工作规范、标准和要求当中，使员工从事每一项工作、参与每一项活动都既有制度保障，又能够感受到企业文化在其中的引导和控制作用。

2. 实用性原则

制度是一个企业规范管理活动的行为准则，必须结合本企业自身的实际和特点制定，制定制度不要贪大求全，好高骛远，不要提过高的要求，不要定不可能实现的目标。要让员工觉得通过一定的努力就能实现，站得高一点就能看得见，踮踮脚就能够得着。如果要求过高、目标过大，员工就会觉得努力了也完不成，就会丧失信心。

3. 实效性原则

制定制度要注重激励和约束的结合，没有激励，就不能鼓舞士气，凝聚人心，就不能激发员工们干事创业的热情；同样，没有约束，就没有统一的意志和统一的行动，就会是一盘散沙。只有激励机制和约束机制完美结合的制度，才是一个管用的制度。

4. 可操作性原则

企业有些制度难以贯彻落实，一方面是执行力度不够的问题，另一个不可忽视的方面，就是操作性不强的问题。例如，有的制度笼统空洞，遇到问题找不到相应的规定；有的制度语言表述模糊，出现问题办也可以、不办也行；有的制度不切实际，这就给执行带来了难度。

5. 合法性原则

在我们这个法治建设日臻完善的国家，个体要服从整体，制度要符合法律。因此，制度的条款要符合法律精神，违背法律规定的制度是无效的制度。尤其在涉外工作中和涉及职工切身利益的方面，如果制度条款与法律规定相悖，发生纠纷引起诉讼时，败诉的必定是制度的制定者。

6. 创新性原则

制度创新是技术创新、管理创新等各项创新的基础。如果从制度上就墨守成规，其他工作就无从突破，首先不能突破的就是制度。要协调好制度规定与工作创新的关系。因此，修订完善制度，必须适应当前的发展现状，与时俱进，既不能超越现实，也不能墨守成规。有人说"有了制度就不要轻易变动"，这句话不是说制度不能变动，而是说执行制度不能"走样"。制度可以通过一定程序加以修改完善，不断充实新的内容。所以，修订制度不可能一次到位、一劳永逸，要在执行中完善，在完善中发展，在发展中提高。

（二）制度的执行

制度制定的目标是执行，通过执行实现管理目标。因此，在管理过程中，企业要加强制度执行。通过严格执行制度，不断强化企业目标文化价值理念，引导员工的适应和认同。同时，通过制度的威严，企业逐渐将制度的强制约束转化为行动自觉，转化为自我的信念约束。

四、物质层：精心设计，耳濡目染

企业文化物质层对员工具有耳濡目染的作用，即要让员工每天从看到的、听到的一切感受到企业的目标文化。这就要求企业文化从理念层落实到实践中，要通过企业精心设计的一切标识形象来烘托企业文化。

（一）企业理念的视觉化

企业理念一般都是抽象的概念，主要包括企业的使命目标、管理原则、战略方针等。企业如果不加以视觉化，仅停留在口头上和文件中，员工对企业理念的认同度会比较低。因此，企业可根据情况，将企业理念制作成公告、看板、展牌，甚至卡通漫画等各类形式，醒目地展示于员工，起到耳濡目染作用。

（二）企业规范标识化

企业文化建设落实到日常工作中，就体现在企业用各类规范来规范企业行为、员工行为等。这些规范可具体到交通规范、工作场所规范，甚至是"禁止踩踏草坪"等具体行为规范。这些规范只有变成可视化的标识，才能更加形象生动，易于理解，对员工起到实时约束的作用。因此，企业要结合自身文化特点，精心设计不同的规范标识来体现管理文化。

（三）工艺流程图表化

与企业理念和规范类似，企业的工艺流程或工作程序也需要图表化来实现可视化，从而将这些流程、程序、标准从文件变成可以耳濡目染的东西。企业要有一个主流程图，将企业的主要流程清晰涵盖在内，同时配合财务流程、人力资源流程和信息流程作为支撑。主流程要体现在企业的组织构架上，确保顺畅运行。同时，各个环节都应有主要工作标准和绩效要求，进而保障企业文化、制度和运转的执行力。

第二节 企业文化建设的组织基础

一、领导挂帅起模范带头作用

IBM前总裁、著名管理者郭士纳在著作《谁说大象不能跳舞》中说："伟大的机构不是管理出来的，而是领导出来的。"[①] 他的经验表明，优秀的企业文化是由领导驱动而来的。这从一个侧面表明，企业文化建设的重要基础是领导挂帅。

要实现领导挂帅驱动，需要做到以下几点：一是企业要明确系统化的核心文化理念，员工明确理解企业坚持什么、提倡什么、走向何方；二是企业要发现典型和榜样，

---

① 安世民，李晓燕，李蕾. 企业文化设计与建设［M］. 兰州：兰州大学出版社，2008.

不断丰富生动的案例，展示企业文化；三是企业要有文化建设团队，专门负责文化建设，统筹各个部门的文化建设对接到人；四是企业要有文化建设渠道，方便文化沟通和展示，推动文化建设进入"动态发展、动态修复"的良性循环。

具体到企业领导，在文化实施阶段，要为企业文化建设提供思想、组织和舆论上的准备和推进，特别是亲自组建文化变革团队，并将其不断扩大，纳入各级管理人员，形成推进文化建设实施的领导基础。

二、纳入正常职能管理

企业文化是企业的精神纽带，其价值体现在日常管理工作中。

一般情况下，基于企业的组织构架和职能设置，企业在职责范围内进行沟通协作，完成企业目标。但往往沟通、协调效果的好坏取决于部门员工之间的情感融合，取决于员工是否有团队协作精神、敬业精神和奉献精神，这就是日常文化建设的工作和价值。日常虽是小事居多，但是累积起来就是大事，其中蕴含的哲理就是企业文化的体现。这是企业的灵魂，也是企业的生命线。

因此，企业要把企业文化纳入正常管理职能，持续建立员工的责任感、使命感，并时时砥砺，自觉奋斗，逐渐构筑内生动力。

三、建立传播网络

企业文化的宣传和传播需要建立传播网络。这就需要企业建立自身的媒介网络。一方面实现上下左右的信息畅通，另一方面实现传播渠道的丰富，引导员工统一认识，凝聚共识。

企业文化传播网络，既包括企业办公网络、员工座谈会、互动信箱等内部形式，也包括公司报刊宣传、宣传栏广告牌宣传、《员工手册》宣传、文化展览、企业内网传播等。

另外，企业的非正式传播渠道，也有助于引导员工参与建设优良的企业文化。通过全方位的引导，潜移默化地影响员工，改变他们的思维和行为习惯。

四、拨出专项资金

企业文化建设需要资金的有力支持。因此，企业要设立文化建设专项资金，从财力的角度保障企业文化建设实施。

对多数企业而言，企业文化建设预算资金主要包含文娱活动费用、培训费用、宣传费用和文化部门建设费用等。各企业根据自身情况列支。

五、营造建设氛围

企业文化建设的实施,需要企业内部营造变革的气氛。只有在企业内容形成鼓励变革的共识,才能破除固守陈规、畏惧变化等变革带来的阻力。

因此,企业从领导者到员工,都要营造创新气氛,鼓励创新,容忍创新失败,激发创新内动力;要营造民主氛围,坦诚交流,提高文化认同;营造学习氛围,创造条件学习,培养学习能力;营造竞争氛围,树立变革决心和优胜劣汰思想,带头转变,引入竞争机制。

第三节 科学制订建设计划

一、全员培训,统一认识

无论是中小微企业,还是大型企业,都有自己独具特色的企业文化,而且员工对各自的企业文化也有很多看法。企业在进行文化建设时,需要将文化内容与员工达成共识,不能脱离企业实际和员工的具体感受。在推进企业文化建设时,如果一味采用"灌输"方式,其结果往往是高调多、实事少,不切实际,难以在职工层面落实。员工是企业文化的承载者和实践者。因此,企业文化建设必须通过全员培训的方式,以达成职工的共识,在实际工作中积极实践文化。这样,企业文化建设就成为全体员工的行动自觉。

二、制定实施原则

在制订企业文化实施方案的时候,需要企业文化的实施原则,以指导今后的工作。

一是坚持系统性原则,系统性考虑企业管理体系和文化精神层、制度层和物质层体系。

二是坚持层分解原则,通过上下一体、共同协作的工作机制,用定性和定量指标考核,提高企业文化执行。

三是坚持感性思维和理性思维相结合原则,发挥感性思维价值和理性制度管理结合,形成符合实际的制度规范。

四是坚持员工主动参与原则,激发员工的主动作为,确保员工积极参与,成功改变。

五是坚持前瞻性原则,要立足高远,克服急功近利,充分考虑企业文化建设的系统性、长期性和艰巨性。

六是团队领导原则，从主要领导开始，走向领导联盟推动实施。

七是坚持辩证性原则，用辩证思考来冷静、客观、艺术地对文化进行变革，化不利为优势，转阻力为动力，从容应对。

八是坚持敏锐性原则，要求经营者应当培养敏锐的眼光，从小处思考，以小见大，深入细节中看问题的经营能力。

三、确立实施流程

企业文化建设是一项系统工程。企业文化建设计划的制定要建立在实施过程的基础之上。

企业文化建设的实施过程主要包括现有文化的分析与诊断、文化设计、文化导入、实施变革、制度化、评估与反思、进一步深入等关键环节。企业可以根据实际，制定符合自己的实施流程图，作为计划制定的一份蓝图。[1]

完成企业文化建设的实施过程分析之后，企业就可以拟订具体实施计划了。

企业文化建设实操中，不能希望毕其功于一役，不能追求时髦、短平快的建设方式，也不能缺少全员参与，不能将企业文化建设的成果变成陈列室的摆设、墙上的标语。

企业文化建设是一项长期工程，需要久久为功。特别是在完善建设后，也需要继续对建设成果持续维护。因此，企业需要制定企业文化建设的长期计划。这是企业文化规划的主要工作。

第四节　实施企业文化建设考核

一、考核的必要性

在企业实施过程中，常常会出现这种情况，即一些员工，甚至是企业领导者的实际行为，往往偏离了企业倡导的价值观。这种领导者破坏企业文化核心思想的行为会严重降低企业领导团队的威信，也会破坏企业文化的建设。这就要求企业通过一些控制措施保障企业文化建设的有效执行，考核就是必要的手段。通过一系列考核，可以帮助企业约束行为、规范文化理念、保障企业文化建设的实施。主要表现在以下几方面：

（1）通过考核可以尽快改变员工观念。

思维的变化可能需要时间，但行为的变化可以有具体的考核。特别是对于企业各部

---

[1] 张德. 企业文化建设 [M]. 北京：清华大学出版社，2009.

门负责人的考核，可以侧重落实企业文化的力度和效果，同时，也便于及时发现和解决问题，督促企业文化建设顺利进行。

（2）通过考核可以确定奖惩员工。

通过考核，能及时发现先进典型，并给予激励，对于不符合企业文化要求的落后员工进行鞭策，这对企业文化建设都有很大的促进作用。

（3）通过考核可以展示企业决心变革的力度。

企业决心变革的力度大，就会严格企业文化建设的考核。但是，要注意考核的目的是鼓励员工，而不是给员工制造恐慌。

（4）通过考核可以固化企业文化建设的成果。

企业文化的建设具有长期持续性，通过考核制度的执行，能使企业的新文化理念得到逐渐认同并长期存在。

二、考核制度化

随着企业文化的深入实施，企业文化建设将从突击性、阶段性的任务转变为日常的、持续性的业务。企业文化的建设工作也从动员宣传、转变为组织协调和控制。当企业文化建设进入到制度化阶段时，就需要通过考核、表彰、企业文化宣传推广和预算支持等制度，持续推动企业文化建设的长久进行并使其不断完善。

在企业文化考核制度化阶段，企业主要做的工作有：

（1）考核目标要具体化。考核内容要精确化，考核目标要细化、具体化，把工作落到实处，落到细处。如培训次数、培训后效果评估等，以便于执行。

（2）明确考核时限。要规定考核的期限，对于优秀的榜样要进行激励。

（3）联系实际进行考核。要根据企业的整体情况和各部门的实际情况进行考核，以保障部门之间平衡。结合考核结果，适当调整进度和考核标准，促进落实。

（4）要常抓不懈。现代企业管理经验表明，企业文化建设的实施考核由企划部或企业文化部门来长期执行，以保障企业文化考核持续性和制度化，不断巩固建设成果，形成文化积淀。

三、考核全员化

通过企业文化的引导和实施，企业文化理念基本得到认同；企业特殊制度和风俗基本成型，成为人们日常工作的一部分；企业文化物质层也已设计完成，企业开始以全新的形象展现在员工、客户、社会面前。这时，企业文化建设就进入了巩固阶段。该阶段主要工作是总结企业文化建设的经验和教训，将成熟的做法通过一定的制度加以巩固。

固化工作的最有效方法，就是将企业文化纳入全员考核体系。我们可以根据企业的实际情况,把各部门和员工贯彻企业文化建设的情况,纳入考核体系,给予一定的权重。通过日常的考评来提醒、督促员工遵守企业文化,奖励先进、督促落后,处罚个别严重违反企业核心价值观的行为。

企业文化体系建立以后,企业原有的传统观念和习惯势力不会很快消失。如果不加以重视,企业文化会随着制度执行的松懈,而失去控制力,新文化体系将会逐渐被旧文化所腐蚀,最终导致前功尽弃。同样,社会上一些不良思潮和不良风气对员工也会产生影响,所以,对全员进行考核的同时,还有必要建立企业文化的监督考查机制。这项工作可以由企业文化部门来承担,定期对企业文化的情况进行监测(如每年进行一次企业文化问卷调查),发现偏差及时纠正。

四、注重建设艺术

(一)领导的行动与示范艺术

一个公司的企业文化,从某种意义上讲是企业家经营管理理念的集中体现,为了使企业能更具竞争力,必须引导员工的行为和思考模式。领导的示范作用是企业文化建设的关键,示范是一门艺术,又是一门必修课,在企业文化的建设中,企业领导要做到以下几点:

(1)引导方式要巧妙。

戴尔公司的创始人戴尔就是这方面的高手。他经常问:"完成这件事情最有效率的方式是什么?"通过这样的方式,他杜绝了所有产生官僚体制的可能性,并且促使员工去更为有效地思考。他还定下规矩,所有人都必须寻找并发展自己的接班人,这是工作的一部分,这不只是在准备调转新工作时才必须做的事,而是工作绩效中永续的一环。从而保证了公司升迁的连续,降低了升迁后由于新任主管的短期不适应而带来的损失。戴尔在面试新进人员时,第一件事就是了解他们处理信息的方法。他们能以经济的观点思考吗?他们对成功的定义是什么?如何与人相处?他们真的了解今日社会的商业策略吗?对戴尔的策略又知道多少?然后,戴尔几乎每次都故意大力反对他们的个人意见,原因是戴尔想知道他们是否具有强烈质疑的能力,并且愿意为自己的看法辩护。戴尔公司需要的是对自己能力有足够信心并且坚持自己信念的人,而不是觉得必须一味保持表面和谐、避免冲突的员工。有问题产生的时候,戴尔不需要进行额外的研究,也不用指派专人去找出议题所在,因为戴尔手边总是拥有全部信息,可以立即集合相关的人,作出决议,立即执行,过程非常迅速。尽管戴尔致力于做出正确的选择,但戴尔相信,甘冒错误的风险而抢得先机,总比作出100%正确的决定,却比别人晚了两年要好多了。然而,若没有数据,不可能做出最快速最正确的决定,信息是任何竞争优势的关键。不过数据不会从天而降,而要主动搜集。戴尔的公司文化不屑于只满足现状,总是试着训练员工,去寻找突破性的新观念,让他们在公司面对大型的策略挑战时，可以根据实际状况迅速提出最佳解决方案。你必须经常训练员工提问的能力，要他们思考：戴尔可以用什么方式改变游戏的规则？哪些做法可以让戴尔达到这个目标，而其他人从未想到过？[1]

(2) 以身作则。

企业领导者的示范和以身作则对企业文化的变革有很大的作用。英特尔公司确立了六项准则：客户服务、员工满意、遵守纪律、质量至上、尝试风险和结果导向。为了贯彻公司文化，公司首先培训高层管理者。因为，高层管理者对企业文化具有很强的示范作用

20世纪80年代，世界上风靡"走动式"管理，这种管理模式就是强调领导者的身先士卒，又称"看得到"管理。作为英特尔的总裁，巴雷特每年都要巡视英特尔国内外所有的工厂，并成为他的工作惯例。人们给了他一个"环球飞行管理者"的称号，他本人也已经把家安在了最大的制造基地，而不是英特尔公司在硅谷的总部。在芯片制造领域，日本公司给英特尔带来了很大的竞争压力，为了实现公司质量至上的信念，巴雷特不停地向购买芯片的大客户询问，倾听他们在日本供应商处的见闻，他还亲自到英特尔公司的日本合作伙伴处进行调查。他研究每一条有关竞争者如何设计、管理业务的各种信息，公开的和学术上的不同渠道都会给他带来灵感，同所有员工一起，从头到尾改进了英特尔的制造流程，保证了技术制造上的领先[2]。这就是领导示范的作用。

(3) 身先士卒。

在企业文化的实施中，领导者不能只说不练，需要身先士卒。惠普文化常常被人称为"HP Way"（惠普之道），"HP Way"有五个核心价值观，它们彼此是相互关联、密不可分的关系：第一，相信、尊重个人，尊重员工；第二，追求最高的成就，追求最好；第三，做事情一定要非常正直，不可以欺骗用户，也不可以欺骗员工，不能做不道德的事；第四，公司，并不是靠某个人的力量来完成；第五，相信不断的创新，做事情要有一定的灵活性。惠普从来不把惠普文化挂在墙上，也很少对其进行炫耀，可惠普却没有人不相信这种文化，与惠普打过交道的人，都会感到惠普的做派与其他公司不一样，它更加和蔼可亲、更加有大家风范。很多公司一旦发展壮大后，总裁就开始有很多的特殊待遇，如有自己的私人飞机等，但惠普历任总裁都没有。惠普总裁普莱特从北京去青岛时，与记者们搭乘的是同一架普通飞机。这种现象在其他的大公司绝对看不到。一位西方记者在采访惠普创始人之一休利特（Bill Hewlett）时问："你这一生有没有最值得回忆的一件事？"休利特回答说："我这一生最值得骄傲的一件事就是参与、创建了一家公司，这家公司是以高科技、高质量、好的管理闻名于世，然后又成为很多公司模仿的对象。同时我也希望在我百年之后，这家公司的企业文化能继续延续，这家公司的生命能继续延续，还是很多人讨论的一个对象。"惠普文化能抓住人心，让文化在不

---

[1] 甘亚平，谢文辉. 卓越管理：跨国公司十大管理范式 [M]. 北京：中国时代经济出版社，2004.
[2] 文风. 企业并购与文化整合的理论与实证研究 [M]. 武汉：武汉大学出版社，2009.

知不觉之中成为惠普管理的特色，从而体现出惠普的管理能以柔克刚、柔中有刚、人性味十足的优点①。

可见，没有行为要求的企业理念，只不过是一句看似很有道理的空话，对于企业来讲，务实是生存之本，空洞而高深的理念只会给员工带来困惑和不解。真正的理念只有通过实际行动才能得以体现。因此，领导者需要对一些行动做出示范，自身先表现出言行合一，员工才能心服口服，正所谓"上行下效"。

（二）强化情景艺术

企业文化的实施过程中，情景强化是必不可少的。它会让员工自觉体会其中隐含的理念，从而达到自觉自悟的效果。要做到情景强化，必须做到以下两点：

（1）利用情景震撼力。

张瑞敏当众砸毁76台冰箱的故事就是利用情景震撼力的最好诠释。当时，海尔叫作"利勃海尔"，正处于卖方市场，产品质量问题较多。有一天厂方检查出76台不合格冰箱，怎么办？领导班子中，有人主张"修一修卖出去"，张瑞敏却主张"全部砸成废铁"。于是，一个别开生面的现场会开始了：76台冰箱被分成几堆，每一堆前站着质量责任单位的车间主任，他们的任务是把眼前的一堆冰箱砸成废铁。工人们看着自己的车间主任挥汗如雨地砸冰箱的情景，深深地被震撼了。有的工人甚至激动得哭起来。此情此景，刻骨铭心。从此以后，工人们生产时眼前总会浮现车间主任砸冰箱的情景，所以十分重视质量问题。众所周知，质量最重要，但质量意识最难形成。"质量第一""质量是生命"成为许多老总的口头禅，但随后就变成工人的耳旁风②。张瑞敏"砸冰箱"之举，就是利用情景的视觉冲击力，达到了触及灵魂的目的。企业的理念是抽象的，不容易把握的，如何使企业文化更好地深入员工的意识当中，体现在他们的行为当中，可以说是企业文化实施的难点。而情景强化则可以很好地解决这个问题。情景设计必须巧妙，这样才可以发挥其视觉冲击力大、印象深刻等特点，有效地把企业理念渗透到员工内心。

（2）寓教于乐。

企业文化建设需要贴近员工生活，贴近实际，一些空洞的口号对员工来讲只是过眼烟云。尤其是员工行为规范和员工训条，一定要联系员工的实际工作，看得见、摸得着，使员工在日常情境中，可以随时想起企业提倡的理念，真正实现对员工行为的指导。中国平安保险公司精心策划了一系列活动，如周年庆典、中秋晚会、平安夜、平安运动会等。塑造一种简朴务实、气氛热烈的工作、生活环境，让员工真正感受到家庭般的温暖，使"依存于平安，奉献于平安，发展于平安"的理念油然而生。每天清晨所有平安公司的员工高唱《平安颂》，就是这种理念深入贯彻的生动体现③。学不如好，

---

① 企业家精神研究组. 美国人企业家精神［M］. 北京：中国经济出版社，2001.
② 李永勤，郭颖梅. 组织行为学［M］. 昆明：云南大学出版社，2008.
③ 唐远祥. 中国非寿险市场发展研究报告2005［M］. 北京：中国经济出版社，2006.

好不如乐，企业文化的终极目标，就是要让员工沉浸在企业大家庭的温暖之中，沉醉于创造性工作的快乐之中，企业领导者运用企业风俗，营造一种融洽快乐的工作氛围，感染和陶冶员工的心灵，使企业理念在不知不觉中深入人心。

（三）"观念—故事—规范"三部曲

企业文化建设的艺术之一是用真实的故事来说明问题，故事越真实，教育意义就越大。这就是著名的"观念—故事—规范"三部曲。所谓观念，就是领导者清晰阐明的企业理念；所谓故事，就是最能体现这一理念的典型故事；所谓规范，就是由观念外化成为各种行为规范。

摩托罗拉把公司数十年经营历史和成功经验总结为"精诚为本与公正"，并确定为自己的企业理念。这是一种企业神圣的责任感，公司始终以这种企业责任感教育员工。摩托罗拉的CI手册中有这样一段话："诚信不渝——在与客户、供应商、雇员、政府以及社会大众的交往中，保持诚实、公正的最高道德标准，依照所在国家和地区的法律开展经营。无论到世界的哪个地方进行贸易或投资，必须为顾客提供最佳的服务。"

这种理念不仅写在了手册中，还通过一些情景强化的手段，传达到每位员工的心里。公司的企业伦理顾问爱罗斯在布拉格第十届国际企业伦理研讨会上，用一个案例来说明产品安全和品质方面的重要性，他常年用这个案例来教育和提高摩托罗拉经理层的每一个人。

这一案例发生在1992年，EIAI公司的货机在阿姆斯特丹遭遇空难，造成这场灾难的原因主要是引擎螺栓的设计问题，波音公司的主要责任在于设计上的错误和质量控制上的疏漏。实际上，波音公司很早就已经发现这个问题，但没有引起足够的重视。爱罗斯就是通过这个沉痛的教训，告诫摩托罗拉的经理们：企业必须认真对待产品反馈信息，不断改善产品设计。摩托罗拉在培训中之所以引用这些故事案例，不是制造恐惧感，而是通过情景来强化员工的道德观念和责任感。每位员工由此知道，人的行为虽然不可能至善至美，但追求技术和产品质量的不断完善是每个人的神圣职责。[①]

（四）虚实结合、软硬并举

当前我国企业文化建设中一个普遍的问题是流于形式。大部分企业仅仅满足于喊出几句口号，挂出几条标语，既不对员工进行企业文化的宣传教育，也不制定制度规范把企业文化建设落到实处。企业文化包括精神层、制度层、物质层三个方面，彼此相互依存、缺一不可。只重视精神层的建设，而缺乏制度层、物质层的支持和辅助，精神层就将成为空中楼阁。对于企业文化的建设，我们要采用"虚实结合、软硬并举"的策略，从而确保企业文化的有效实现，具体来讲要注意以下几点：

---

① 齐冬平，白庆祥. 文化决定成败——中外企业文化镜鉴案例教程［M］. 北京：中国经济出版社，2008.

(1) 机制要"硬"。

健全而富于特色的制度层是企业文化的突出特点。各种制度构成了一个严密的管理机制，集中体现企业文化的理念，它与精神层和谐地统一起来，可以成为企业成功的有力保障。

(2) 制度要"硬"。

文化管理要求刚柔并济、软硬结合。用中国企业习惯的语言来说，就是要把管理工作与思想工作有机结合起来，变"两张皮"为"一张皮"。企业文化建设正是把软、硬管理两者结合起来的最佳方式。以一系列"硬"制度来规范员工行为是有效手段之一，它并不是一种惩罚工具，而是要起到一种提示作用，是用纸面化的制度来宣传、倡导员工的某种行为。所谓软环境保证硬管理，硬环境强化软管理，这就是文化管理的辩证法。

(3) 推动要"硬"。

在企业文化变革过程中，会遇到很大的阻力，因此需要有力的推动，具体表现在以下方面：首先，组建稳定的领导团队，推动企业文化变革。领导者的决心关系到企业文化建设的成败，有些领导者自己决心很大，但没有使领导团队达成共识，没有形成有影响力的少数，结果使企业文化变革受到很大的阻力。其次，组建长期实施企业文化管理的部门。有些企业成立了企业文化处（部），有些企业由党委宣传部主抓，总之，要明确成立这样一个部门，负责企业文化的实施，遇到问题及时向上级反映。有了这样一个部门，企业文化推动工作才能真正"硬"起来。最后，调动全体员工的积极性全面推动。企业文化建设是全体员工的事，只有得到广大员工的认同和支持才能顺利推广。

(五) 培养高尚人格

人在企业文化建设中具有双重身份：既是企业文化建设的主体，又是企业文化建设的客体。要想培养高尚人格，就必须坚持以人为中心，确立人的中心地位，发挥人的中心功能。

人是企业文化建设的主体。这是说，企业文化建设要依靠人，不仅依靠企业领导，更要依靠广大员工。我们要看到企业的领导者在企业文化建设中的重要作用，但同时也要注意：员工并不是被动的接受者，他们也是企业文化的创造者。一方面，作为企业文化的灵魂，企业精神、企业道德、企业风气主要是员工群众在长期的实践中创造形成的，企业领导者只是对其进行总结加工，升华倡导，离开了员工群众共同创造的企业历史，就无法形成企业的文化。另一方面，员工是企业文化的建设者、发展者。企业文化的建设，最终要落实到广大员工的思想和行动中去，这一过程，离开员工群众的主动参与就不可能实现。人是有思想的，强制、灌输的方式只能事倍功半，甚至偏离目的。企业领导者应使企业文化建设成为职工的自觉行动，不仅身体力行、认真贯彻，而且积极参与、献计献策。这样就能够集中企业全体员工的能量和智慧，把企业文化建设好。

人是企业文化建设的客体。这是说,企业文化建设要"为了人、塑造人"。首先,建设企业文化的目的是企业的生存和发展,而企业的生存和发展又是为了满足人们不断增长的物质和文化需求,所以,企业文化建设的最终目的就是为了人。对内,是为职工;对外,是为消费者,为人民群众。其次,企业文化建设也要着眼于塑造人、培养人。企业文化是一种氛围,它的精神层和物质层无时无刻不在感染、引导着员工;企业文化又是一种机制,其制度层具体规定了员工的权利和义务。最后企业要通过充实企业文化的精神层和物质层,在潜移默化中帮助员工树立正确的价值观和对企业的责任感,引导员工加强品德修养,提高思想觉悟。随着市场竞争的日益激烈,一些企业采取了短期行为,不仅对企业形象造成巨大损害,而且对整个社会造成不良影响。此时,更需要企业家利用企业文化这个软件,对企业行为和员工行为进行有意识的控制和引导。

作为民族工业名牌老字号企业之一的冠生园,创立于1918年,它旗下的"大白兔"奶糖被称为"世界第一奶糖",在海外也有很大的市场。但由于出现了轰动全国的"南京冠生园陈馅月饼"事件,使这个古老品牌受到巨大的打击,同时,对整个行业也造成了不良影响。大家都在为这个古老品牌叹息,企业行为一旦脱离道德的轨道,企业终将灭亡。企业文化建设实际上是一个观念建设,它的作用通过每个员工表现出来。塑造高尚的企业文化氛围,对培养员工崇高的人格十分有益,而企业文化的人格化正是其中一个有效的手段之一。①

面对家电行业的一些恶性竞争,荣事达集团推出了"和商"理念,发表了"中国第一部企业自律宣言——荣事达企业自律宣言"。荣事达地处合肥,是中国徽商文化的发祥地,徽商的传统精神是"和气生财""互利互惠",荣事达就是秉承了徽商这种传统美德,提炼出以"互相尊重、相互平等、互惠互利、共同发展、诚信至上、文明经营、以义生利、以德兴企"为核心的"和商精神","和"就是中国人传统的"和为贵""和衷共济"精神。② 荣事达公开宣布:"和商"理念是企业调整各种关系的道德规范和自律准则,努力把"和商"理念转变为全体员工彼此共约的内心态度、思想境界和行为方式,以此激发全体员工的创造性,实现"办一流企业,创一流品牌,树一流形象"的企业目标。可见,通过企业文化,塑造员工人格,使每位员工从我做起,提高自身的职业道德,以一流的服务求生存,以信誉求发展,在当前激烈的市场竞争中有着特别的意义。

思 考 题

1. 在中国,人们一说起海尔就会想到张瑞敏,一说到华为就会想到任正非。请分析一下企业家在企业文化建设中的地位和作用,企业家精神如何转化为企业文化?

---

① 顾环宇. 品牌的中国——商务部"品牌万里行"活动纪实[M]. 北京:中国商务出版社,2006.
② 曾萍. 现代企业文化理论与实务[M]. 昆明:云南大学出版社,2014.

2. 企业文化建设的主要步骤是什么？你认为哪一部最为关键？

3. 如果你是一位企业文化建设者，针对员工，你如何使看不见摸不着的企业文化变成看得见、摸得着的？

4. 某企业经营业绩持续下滑，于是一位新经理取代了原经理，新经理着手新企业文化建设，以提升企业经营水平。请问你该如何给这位经理企业文化建设方面的建议？

第二篇 实践篇

　　本篇的三个企业案例均为作者受企业委托进行的企业文化手册制定、企业文化类型诊断以及企业文化导入等企业文化建设的实践案例。

第七章 案例一：从心动到行动——S集团企业文化诊断与设计

引言：如果一个公司想要成长和发展，公司文化是重中之重。任何想要成长的国有企业和民营企业都不会忽视企业文化的培育和建设，因为它们越来越觉得，企业文化是内生的，更容易控制。此外，独特的研究工具和方法无法在每个案例中对企业文化作出复杂和独特的诊断。所以，企业应该根据不同时期，从企业内部和外部的角度判断过去的状态和对未来的期望，来完善公司的文化体系。

本案例基于企业文化的基本理论和方法，选择 OCAI 量表作为企业文化的诊断工具，通过定性和定量分析，采用访问大纲、问卷设计，深入调查 S 集团文化类型的现状，以及 S 集团文化建设中遇到的问题，进一步促进集团文化优化。S 集团作为民营企业的性质，运用 OCAI 量表，结合我国市场经济特点，评估诊断企业文化类型，最终实现企业的规模化和具体化。

第一节 相关背景介绍

内蒙古 S 集团下属 18 家子公司和五千多名员工。主要经营煤炭、电力、化工等产品的开发、生产和销售。形成了"以煤电为基础，以高分子材料和清洁能源为核心"的产业模式，获得多项荣誉称号，集团产业结构合理，成本效益更是突出。

公司产品销往 50 多个国家（地区）、国内 31 个省份，立足"打造全球绿色化工新材料一流企业"的愿景，建设了以聚乙烯醇为核心的下游循环经济产业链。

二十余年的精进发展，公司坚持以"敬业务实、团结协作、永不服输"的"白杨树"精神为灵魂，指引集团在竞争中创立、发展并壮大起来，实现"以科技推动创新，以创新引导产业循环，以产业循环促进发展，最终形成大型绿色能源化工企业集团"。

第二节 基于 OCAI 量表的企业文化分析

一、调研情况

本案例以访谈的形式，通过实地调研及问卷样本，进行数据分析，运用 OCAI 量表对集团总部和下属子公司进行抽样调查，诊断集团的企业文化类型，判定集团企业文化现状和未来期望的差异，由于 S 集团中下属企业所涉行业的不同，因此每个下属企业都有不同的关联方，如果采取了横向水平比较研究，研究体量比较庞大。因此，在这次诊断中，我们对 S 集团自身进行了自上向下的纵向内部调研，这对 S 集团的整体管理和控制更有利。

本次调查选取了内蒙古 S 公司访谈集团总部 15 人，化工 8 人，煤炭 9 人，电力 10 人，总共访谈 42 人，发放问卷 173 份，集团总部 25 份，其中高层 6 人，中层 5 人，基层 14 人；电力 10 份，其中高层 3 人，中层 7 人；化工 86 份，其中高层 24 人，中层 62 人；煤炭 52 份，其中高层 12 人，中层 33 人，基层 7 人；全部为有效问卷。

本案例运用 OCAI 量表进行调查问卷设计，共 6 道选择题，每道选择题依次包含 4 个选项（详情见附件问卷）。员工根据公司的实际情况对 ABCD 四个选项分配 100 分。本案例结合我国企业特征，把企业文化类型分为家庭团队型、严格高效型、创新个性型和业绩导向型。问卷主要针对企业"现状"和"期望"两个维度进行分析。

二、S 集团员工现状、未来期望分析

通过 OCAI 量表分析 S 集团员工的期望是家庭团队型为主导的文化类型。

（一）S 集团员工的文化类型判定

基于差异图 7-1，可以看出集团总部认为需要多一些分享、参与、协调、交流沟通、被关心认可，而少一些管理控制，以及减少不必要的文书工作；希望集团成为世界一流的组织。集团总部基于现状比较，未来期望的还是家庭团队型文化。

基于差异图 7-2，可以判断出高层期望集团增加严格高效式文化，而削减创新个性型文化；现状与未来比较，对于家庭团队型有所增加、业绩导向型有所减少，但差异不大；可以看出，高层期望集团体现严格高效型文化，说明高层期望集团员工在非常正规和构架森严的工作场所里按照程序工作。

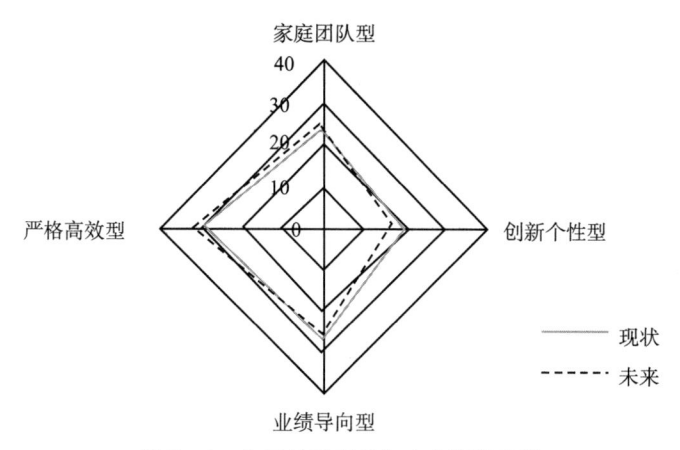

图 7-1 集团总部现状与未来期望比较

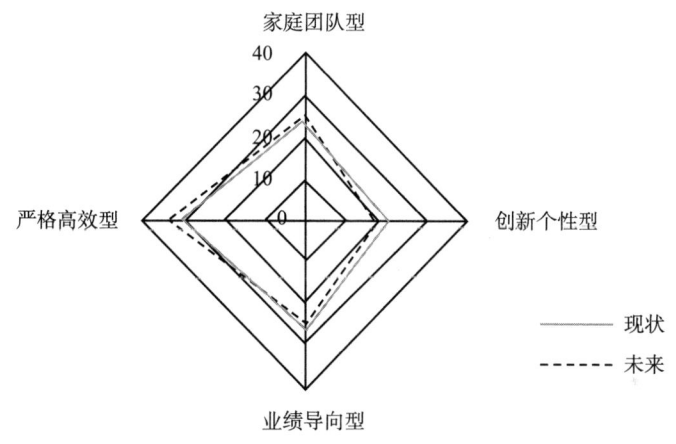

图 7-2 集团总部高层现状与未来期望比较

基于差异图 7-3，可以判断出中层期望集团增加家庭团队式和创新个性式文化，而削减严格高效型文化；现状与未来比较，对于业绩导向型有所缩减，但差异不大；中层期望集团体现家庭团队型文化，增加创新个性文化，说明集团基层需要多一些授权、参与、协作、横向交流、关心和认可，更多些创新和冒险精神，而少一些障碍、少一些微观管理。

基于差异图 7-4，可以判断出基层期望集团增加家庭团队式和创新个性式文化，而削减严格高效型文化；现状与未来比较，对于业绩导向型有所缩减，但差异不大；基层期望集团体现家庭团队型文化，增加创新个性文化，说明集团基层需要多一些授权、参与、协作、横向交流、关心和认可，更多些创新和冒险精神，而少一些障碍、少一些微观管理。

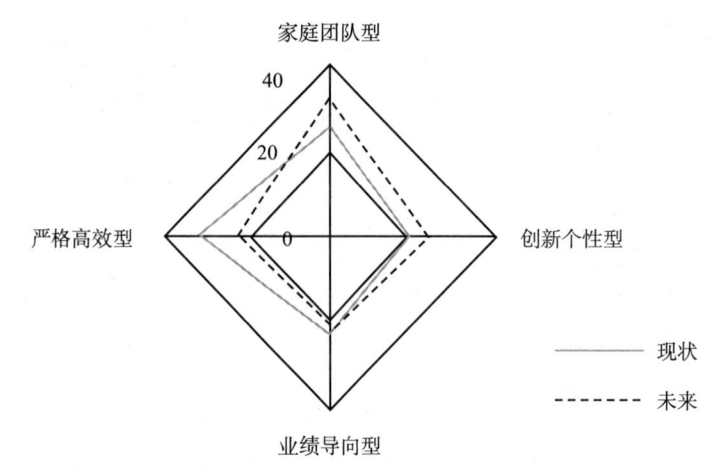

图 7-3　集团总部中层现状与未来期望比较

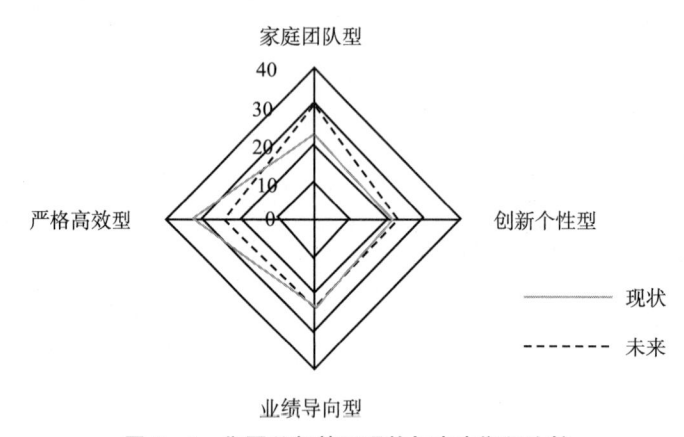

图 7-4　集团总部基层现状与未来期望比较

通过对集团总部调查发现：集团总部高层期望严格高效型文化，减少创新个性型文化，而基层和中层更加期望家庭团队型，减少严格高效型文化，只有集团高层期望增加严格高效型文化，可以看出，集团高层期望用严格的制度约束员工。对于业绩导向型基层和中高层都没有变化，基层和中层对于创新个性型有所增加。

基于差异图 7-5，可以判断出煤炭行业总体期望集团增加家庭团队式，而削减严格高效和业绩导向型文化；现状与未来比较，对于创新个性型文化没有变化；说明煤炭业需要多些授权、参与、协作、横向交流、关心和认可，多些创新和冒险精神，而少一些障碍、少一些微观管理；员工都希望集团成为世界一流的组织。

基于差异图 7-6，可以判断出煤炭高层期望集团增加家庭团队式文化，而削减业绩导向型文化；现状与未来比较，对于创新个性和严格高效型文化没有变化，但煤炭高层认为集团未来还需要严格高效型文化；说明煤炭高层需要多些授权、参与、协作、横向交流、关心和认可，希望集团成为世界一流的组织，集团还需要严格的制度和政策结合起来。

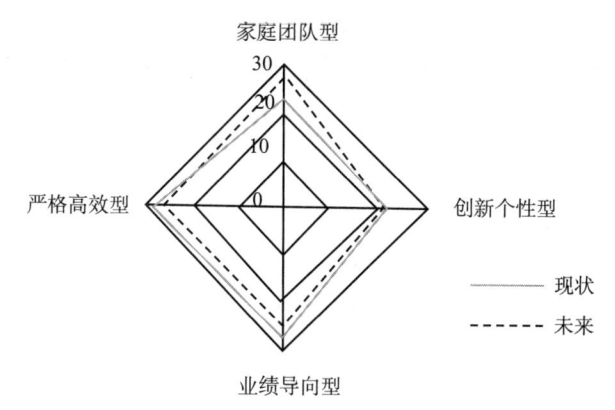

图 7-5 煤炭总体现状与未来期望比较

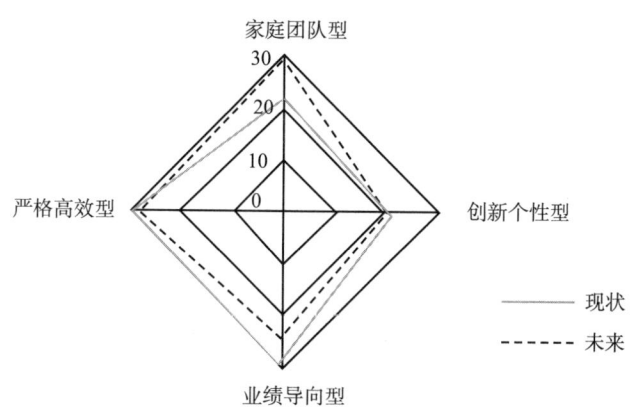

图 7-6 煤炭高层现状与未来期望比较

基于差异图 7-7,可以判断出煤炭中层期望集团增加家庭团队式文化,而削减严格高效型文化;现状与未来比较,对于创新个性型和业绩导向型文化没有变化;说明煤炭中层期望多些授权、参与、协作、横向交流、关心和认可,而少一些障碍、少一些微观管理。

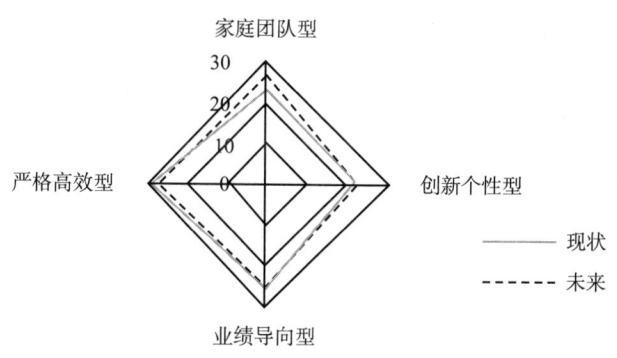

图 7-7 煤炭中层现状与未来期望比较

基于差异图 7-8，可以判断出煤炭基层期望集团增加家庭团队式文化，而削减严格高效型和创新个性型文化；现状与未来比较，对于业绩导向型文化现状与未来没有变化；说明煤炭基层期望多些授权、参与、协作、横向交流、关心和认可，而少一些障碍、少一些微观管理。

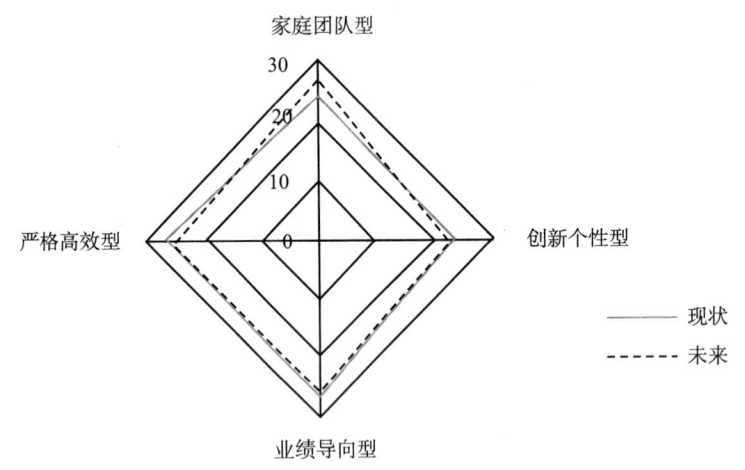

图 7-8 煤炭基层现状与未来期望比较

通过对煤炭部门调查可以看出，煤炭部门和集团总部期望类型比较一致，煤炭高中基层期望集团增加家庭团队式文化，而削减严格高效型和创新个性型文化；煤炭高层更加期望增加家庭团队型文化，削减业绩导向型，基层和中层对于严格高效型、创新个性型和业绩导向型几乎没有变化，高层对于业绩导向型文化期望减少。

基于差异图 7-9，可以判断出化工行业总体期望集团增加家庭团队式，而削减严格高效和业绩导向型文化；现状与未来比较，对于创新个性型文化期望有所增加但差异

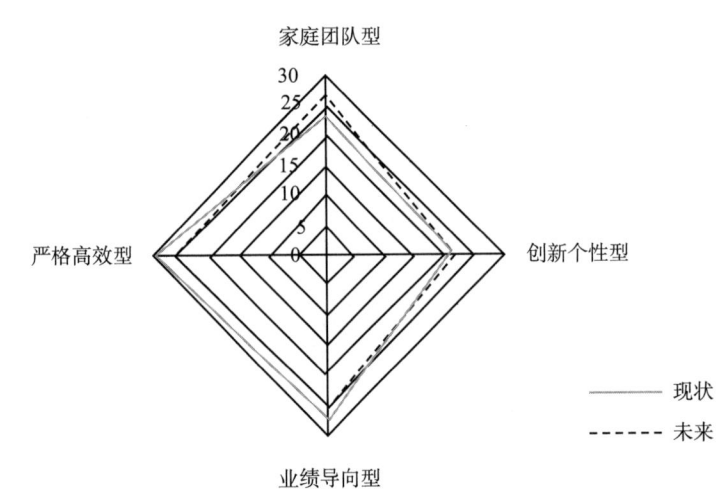

图 7-9 化工总体现状与未来期望比较

不大；说明化工业期望多些授权、参与、协作、横向交流、关心和认可，多些创新和冒险精神，而少一些障碍、少一些微观管理；员工都希望组织成为世界一流的组织。

基于差异图7-10，可以判断出化工高层期望集团增加家庭团队式文化，而削减业绩导向型文化；现状与未来比较，对于严格高效型文化没有变化，创新个性型有所增加，但差异不大；说明煤炭高层期望集团多些授权、参与、协作、横向交流、关心和认可，多些创新和冒险精神，集团还需要严格的制度和政策结合起来。

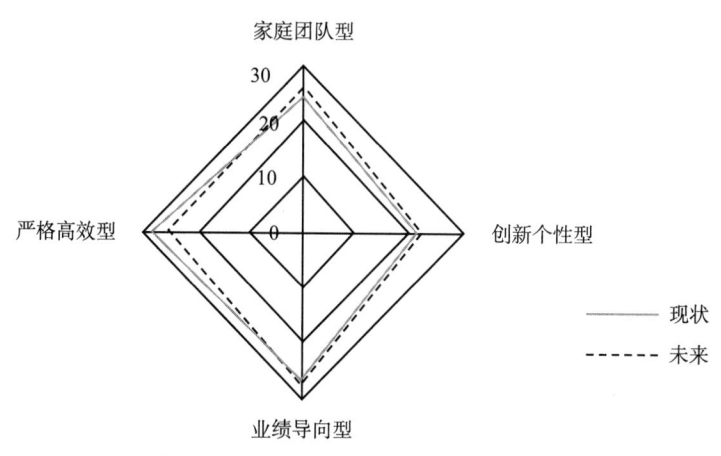

图7-10　化工高层现状与未来期望比较

基于差异图7-11，可以判断出化工中层期望集团增加家庭团队式，而削减严格高效和业绩导向型文化；现状与未来比较，对于创新个性型文化期望没有变化；说明化工中层期望集团多些授权、参与、协作、横向交流、关心和认可，而少一些障碍、少一些微观管理；并希望集团成为世界一流的组织。

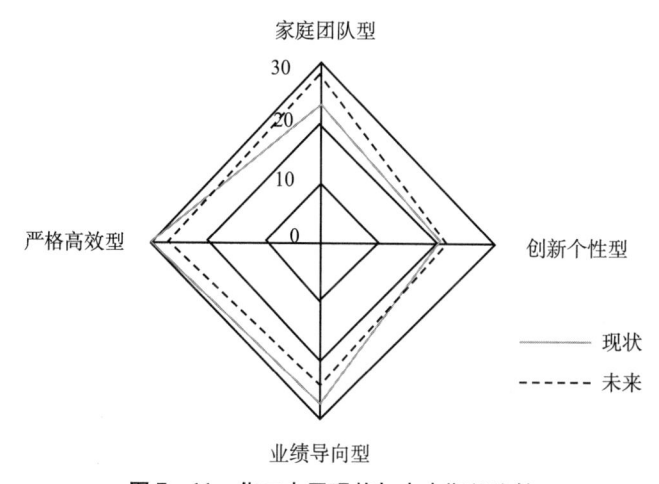

图7-11　化工中层现状与未来期望比较

通过对化工部门调查可以看出：化工中高层对于家庭团队差异较大，中层更加期望家庭团队导向文化，认为目前公司制度严格，不要过于强调业绩，而高层对于创新个性型和业绩导向型没有变化。

基于差异图7-12，可以判断出电力行业总体期望集团增加家庭团队型文化，而削减业绩导向型文化；现状与未来比较，对于创严格高效和新个性型文化期望没有变化；说明电力业期望多些授权、参与、协作、横向交流、关心和认可，希望集团成为世界一流的组织。

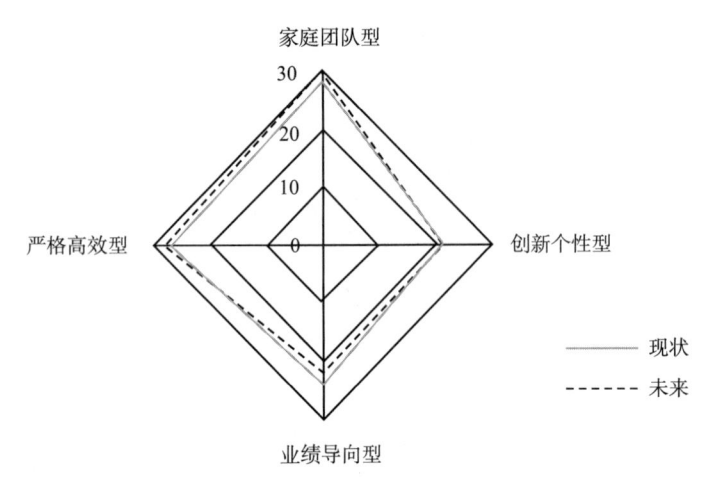

图7-12　电力总体现状与未来期望比较

基于差异图7-13，可以判断出电力高层期望集团是家庭团队型文化，对严格高效型文化期望有所增加，业绩导向型文化期望有所减少；现状与未来比较，对于创新个性型文化没有变化；说明电力高层期望严格的制度和政策结合起来，希望集团成为世界一流的组织。

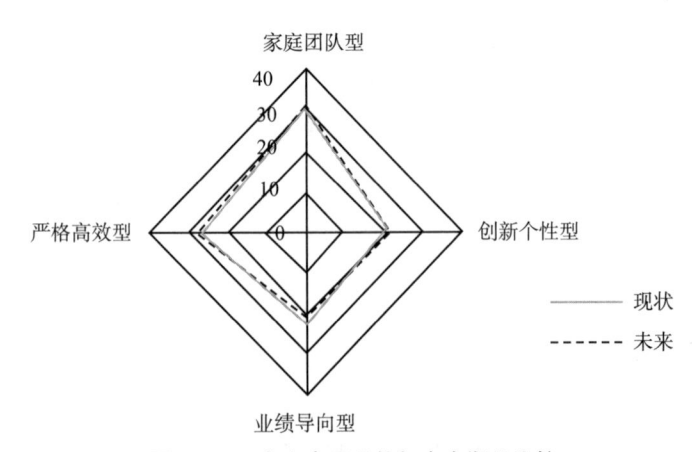

图7-13　电力高层现状与未来期望比较

基于差异图 7-14，可以判断出电力中层期望集团增加家庭团队型文化，而削减业绩导向型文化；现状与未来比较，对于严格高效型和创新个性型文化期望没有变化；说明电力中层期望多些授权、参与、协作、横向交流、关心和认可，希望集团成为世界一流的组织。

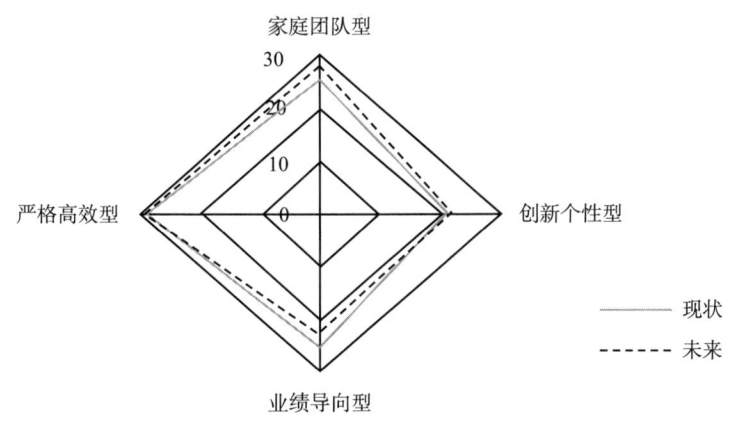

图 7-14　电力中层现状与未来期望比较

通过对电力的调查可以看出，电力中层比高层更期望家庭团队型文化，高层比基层更加重视业绩导向，对于创新个性型和严格高效型中高层都没有变化。

电力中层期望集团增加家庭团队型文化，而削减业绩导向型文化；现状与未来比较，对于严格高效型和创新个性型文化期望没有变化；说明电力中层期望多些授权、参与、协作、横向交流、关心和认可，希望集团成为世界一流的组织。

基于差异图 7-15，可以判断出集团总部期望增加家庭团队型文化，而削减严格高效型文化；对于创新个性型现状与未来期望的文化类型基本保持不变，业绩导向型有所

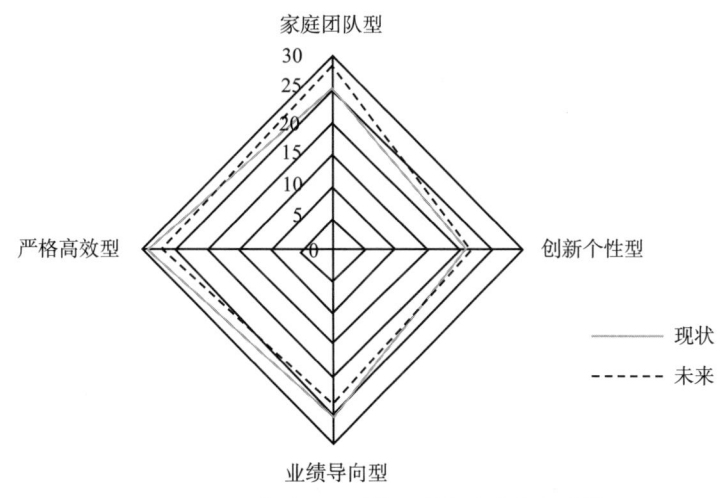

图 7-15　S 集团——总体现状与未来期望比较

缩减。说明集团需要多一些授权、参与、协作、横向交流、关心和认可，而少一些障碍、少一些微观管理，以及减少不必要的文书工作；集团总部基于现状比较，未来期望的还是家庭团队型文化，希望集团成为世界一流的组织。

基于差异图7-16，可以判断出电力总体认为集团现状是家庭团队型文化，而总部、煤炭、化工总体都认为集团现状是严格高效型文化。

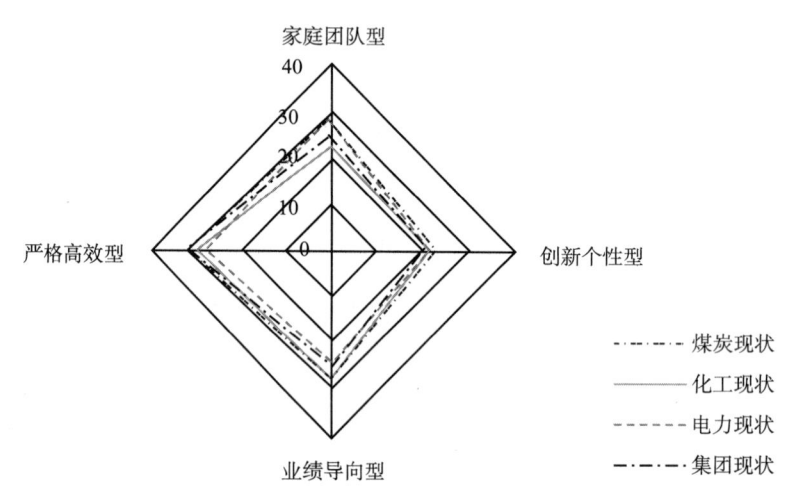

图7-16 集团总部、煤炭、化工、电力总体现状比较

基于差异图7-17，可以判断出总部、电力、煤炭、化工总体都期望集团未来是家庭团队型文化。

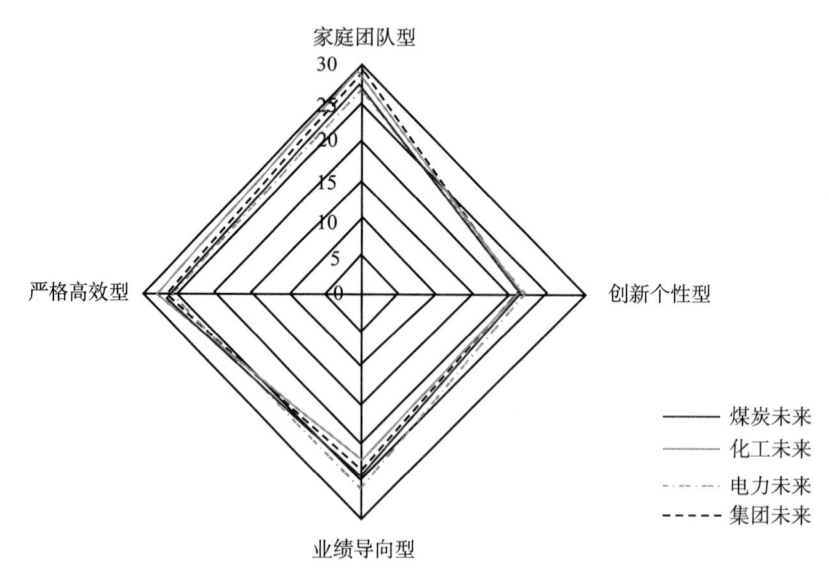

图7-17 集团总部、煤炭、化工、电力总体未来期望比较

通过对集团总部、电力、煤炭、化工的调查发现，电力总体认为集团现状是家庭团队型文化，而总部、煤炭、化工总体都认为集团现状是严格高效型文化，都期望集团未来是家庭团队型文化。

（二）S集团员工现状文化类型分析

从S集团的文化类型判断现状是严格高效（29.01），绩效导向（25.43），其次是家族团队（24.57）和个性创新（20.194）。可以看出S集团对于人际合作、人文关怀的家庭团队导向和个性灵活的创新导向文化重视不够。

S集团企业文化类型主导的是严格高效导向型，这源于其历史因素和实际情况。S集团是内蒙古三大民营企业之一，下属集团业务范围广泛，员工人数众多。为了确保组织稳定和标准化水平，将标准控制导向和标准工资导向分开。并一直延续到今天的以集体主义、领导者意识为主要导向。为了维持企业的运作，再加上煤炭、电力和化工产品的特点，企业要靠制度化和结构化维持企业运转。

S集团次主导的企业文化类型是业绩导向型，差异3.57分，落后于严格高效导向的文化。在煤化工系统中，存在自上而下的生产价值要求，对每个人的工资体系都进行相应的考核。因此，以市场为导向的服务客户需求是"客户满意第一"的双赢理念。家庭团队型文化集团排在第三位，这表明团队凝聚力不强，团结和互助气氛差，说明S集团没有强烈的员工参与意识，这也是民营企业的一种通用病。以创新为导向的灵活创新文化排名垫底，远远落后于监管、控制和市场文化，说明S集团企业对创新的重视不够。

（三）S集团员工期望的文化类型分析

通过访谈和问卷调查，S集团企业文化类型现状与期望进行比较分析：

（1）家庭团队导向的文化期望相比现状得到了很大的提升（+3.61）。S集团战略转型后，新观念与传统观念相互碰撞，导致S集团主流文化的失败。集团领导认为，在未来的企业文化建设中，要做好以家庭和团队为导向的企业文化建设。

（2）促进创新个性型文化（+0.4）。S集团充分发挥自主研发和创新能力，以改革为动力，以创新为活力，以转型为飞跃，为S集团人走出一条创新、可持续发展之路。

（3）弱化严格高效型文化（-2.24）。S集团公司作为民营企业，要想内部氛围良好，就要缩小预期价值与当前价值存在的差异，规则导向需要被削弱。

（4）减弱目标绩效型文化（-1.71）。市场是制造型企业成功的关键，目前企业高层对子公司非常重视。S集团整体以市场为中心，绩效考核以当期利润为重点。员工期望在未来弱化以目标为导向的绩效文化，注重以人为本的支持性文化，控制严格高效的文化，提高柔性和变革性文化。

第三节 S集团企业文化建设的问题

通过对S集团企业文化类型对现状与期望的比较，集团需要大力提升家庭团队式文化。提升家庭团队式文化，意味着企业成员需要更多的授权、更多的参与，更多的协作和横向交流、更多的关心和认可。下面，我们从OCAI量表的六个维度来审视S集团在家庭团队式文化上的缺陷。

一、没有凝练核心理念

从企业的主要特征维度看，企业文化与公司发展的需要联系不紧密，与经营需要脱节，吃大锅饭现象依然突出，员工缺乏主人翁精神；S集团缺乏对企业文化要素的提炼，成员企业也没有凝练自身的核心价值观和各种理念，这造成了总部企业和成员企业对企业文化感知的差异较大，有的成员企业和集团总部甚至就像两家人，因此也存在诸多沟通上的脱节现象。S集团下属化工环保有限公司有老国企职工的旧传统和旧思想，工作背景比较复杂，还有来自五湖四海的新人才，他们的思维和行为差异都比较大，一人一套工作方法的现象突出。集团各部门之间缺少沟通，甚至有的部门连同事名字都不知道，认为只要完成自己的任务就好。

二、缺乏创新意识

从组织的领导能力维度看，S集团虽然很少有官僚作风和钩心斗角，但是S集团的企业文化缺乏必要的创新开放元素，S集团人有很多固化的观念，许多员工不具有创新意识，工作固化思维严重，思想和处事方式都跟市场脱轨，创新行为没有正确的引领，领导有着绝对的权威，交代的事必须做完，至于怎么做，很少有交流的过程，一切以结果为导向。创新不仅仅体现在工作行为上，更体现在企业的整体战略思维上，对市场发展方向把控的缺乏，比如煤炭产品在市场不具有竞争力成为S集团进一步发展的重要阻力。从差异图可知，S集团员工对创新文化则有更高的期待值，因此如何激励员工进行创新，有全局观和关注市场的意识，强调开放性对于一个企业的发展至关重要，这也成为S集团发展面临的一个迫切的现实问题。

三、缺乏团队意识

从对员工的管理维度看，S集团企业文化建设的内涵和有形的展示，员工无法深入察觉，最多就是贯彻上面来的各种指示，往往很多人已经麻木了，员工觉得这不应该是企业文化，企业文化应该有更多内在的东西。

S集团在任务的落实上，是多数服从少数的典型，更倾向于布置，而较少强调团队合作、群策群力和头脑风暴的碰撞。企业团队精神的乏力，容易使员工比较推崇个人英雄主义，从而弱化团队概念，不具有协作意识，这样会使公司业绩目标完全寄托于一两个业务精英身上，一旦发生人员变动，则难以完成业绩目标。团队能力的缺乏使得公司缺乏团队作战能力，当部门内部需要共同完成任务时候，则会缺乏竞争力，这将成为S集团进一步发展的重要阻力。因此如何激励员工进行团队建设，有整体性和团队精神意识，成为了S集团发展面临的一个迫切的现实问题。

四、企业文化建设缺乏精神内涵

从组织的凝聚力维度看，以家庭团队型文化为主的企业靠员工的忠诚、信任凝聚在一起，人人都有义务感和责任感。而S集团企业文化建设缺乏系统的规划设计，企业文化建设是为了服务于企业的经营活动，如何将企业的文化力转化为企业的竞争力，需要将企业文化建设工作与企业的经营管理活动结合起来，落实到企业的实际工作中去。如果集团缺乏精神内涵，员工就无法感知企业文化的存在并被其感染，企业文化建设的效果就无法评估，最终能发挥多大作用就要打个问号，所以企业文化最好能够具体化，要提炼出最能代表一个企业的"精气神"。如果员工还不能深入解读企业价值观，那自然谈不上认同和行动转化，思想上没有达成共识，团队就难具有凝聚力，很难抵御外来风险，并且也容易滋生内部风险。

五、员工流动性大，人才流失率高

从组织的战略重点维度来看，S集团人力资源管理的重点是：组织建设、人才引进、薪酬管理和绩效管理。"内部培养"主要靠领导提拔，对员工的职业规划指导不足。员工激励方式也基本上是靠"工资+绩效工资"。"选、育、用、留"政策不完善，难以激发员工潜力，这就使员工对未来和归属感容易产生动摇。公司层级多，办事效率低，人才晋升不够通畅，部分优秀人才缺乏足够的事业发展平台，作为人才依赖型的公司，却面临优秀人才流失的风险。这也是S集团总部人员流动较大的原因。

六、企业文化的实用性和指导作用不明显

从成功的标准维度来看，目前公司的企业文化建设依旧停留在表面，企业文化建设工作没有计划，工作开展的随意性很强，缺乏全面完备的策划方案和详细可行的长远规划。缺乏相关制度保障。没有把企业文化建设纳入日常管理活动之中，企业文化建设工作缺乏一套完善和行之有效的制度保障。

基层员工对于企业文化的理解也仅仅停留在员工手册上。公司把企业文化印制在员工手册上，并分发给每一个员工，有些员工根本不知道公司的企业文化是什么，说不出道不明。企业文化没有深入员工心中，缺乏实用性和指导性，没有真正起到规范和约束员工行为的作用。对于公司使命、愿景以及核心价值观，员工了解得并不透彻，因此也就不会成为员工的精神导向，对员工的行为以及工作努力程度也不会起到相应的作用，导致员工对企业的使命感和对工作责任心缺失，不利于公司的长期发展。

从以上六维度的分析可见，S集团大力提升家庭团队式文化，要从企业成员的共同信仰和价值观、企业对员工的人文关怀、团队合作、个人发展等方面入手。但要注意的是，提升家庭团队式文化并不表示没有原则和标准，除了强有力的决定还需要强有力的制度保障。

第四节　S集团企业文化的导入实施

一、统筹规划，求同存异

S集团容纳多个产业和多家企业，总部和成员企业犹如家长领导下的不同家庭成员，应尊重不同产业、不同企业的文化特性，并在此前提下，求同存异，提炼出有广泛适用性的原则和理念，将企业文化的多样性和统一性结合起来。在"存异"的领域和范畴内，每个成员企业乃至每个员工，均可进行文化创新，从而丰富、拓展S集团的整体文化内涵；但在"求同"的领域和范畴内，总部和成员企业的全体员工则需认同和遵守。在S集团的核心文化理念下，结合自身特色，可以对S企业文化进行更贴近自身的建设，其他成员企业可参考此示例，根据自身的行业特点、地域文化开展独具特色的企业文化建设。

二、推陈出新，竞争激励

随着市场经济在互联网、智能制造等新经济影响下展现出百花齐放的态势，S集团也随着时代的发展表现出更多变化。因此，如果想要在市场中紧跟时代步伐，需要不断推陈出新，提升企业文化中的创新激励因素。

（1）对于本身较为传统的S集团，面对竞争，需要用创新赢得市场。这就要求管理者提升自己的管理能力，鼓励员工发现问题、解决问题、创新思考。而非简单地通过奖惩方式进行员工管理。优秀的企业在管理者胜任能力要求中，都要有强烈的担当意识，做到以身作则，营造奋斗拼搏的氛围。提升自己的管理能力、道德品格和创新意识。根据具体的情况做出管理决策，要求管理者存在一定的弹性和人性化行为，而不是单单通过考核惩罚，打击员工积极性。管理者要坚持不懈地积极带领部门拓展业务，而不能整天坐在办公室，只说不做，遇到挫折，逃避推卸责任。

（2）员工层面的创新需要鼓励员工勇于接受新事物。从调查结果看，S集团由于员工流动性较大，对集团的总体情况缺乏认识，但是创新工作，需要在一定认知和经验基础上进行，因此对于老员工，要鼓励创新，首先要拥抱变化，勇于接受新鲜事物。而对于新员工，对待集团的新制度、新变化，更应该要敞开胸怀，积极接受。

三、加强协作，促进和谐

根据集团目前的发展，提炼符合公司个性特征的愿景、使命、企业精神、核心价值观、各种理念以及各类人员行为准则等相关内容，进一步丰富集团精神文化实质。定期或随机组织员工举办研讨会，以学习、审查和讨论公司精神文化为内容。通过讨论，可以让员工积极表达自己的意见建议，对集团文化建设提出好方法、好点子，这将有利于集团进一步明确未来文化建设的方向和目标，加深对集团企业文化的理解。

以"白杨树"精神激发S集团人对顽强、务实、进取、敬业、团结、协作精神的深入理解，从而增强企业凝聚力，让"做人诚实、做事踏实"的价值观切实起到带头作用，发挥员工的真才实干，激发主动积极的工作态度，在企业中形成良好的工作氛围。减少信息不对称情况，在沟通中逐渐形成互信、互助的氛围，使员工的目标趋于一致，这更有助于企业目标的达成。充分尊重员工的意见和建议，要公正、公平、公开，讲事实摆数据，做到以理服人，要赢得员工认同感，在公司内部形成一种互信互重、包容理解、团队协作、互帮互助、一片和谐的工作环境。

四、合理用人，避免流失

S集团的人才理念要求应具备"德才兼备、忠诚公司；积极进取、踏实认真；钻研技能、善于执行"的素质，遵循"四注重"即"注重内部培养，注重公平公正，注重扬长避短，注重管理使用"的用人观，从"招聘人""培训人""考核人"等方面形成以人性化和灵活性为主的家庭团队型和临创新个性导向型的企业文化。

在选人过程中注重选择与企业核心价值观相匹配的人。怎样选择人，选择用什么样的人，是人力资源管理非常重要的工作，要在选人过程中将用人标准与企业核心价值观相结合。开发合适的测评工具，对招聘部门主管与用人部门经理进行测评和培训；制定职位要求时要考虑企业文化，在招聘环节中，设置企业文化相关问题，了解应聘者的价值观，在测试中加入企业价值观测试，比较应聘人员价值观与企业价值观的符合程度，可侧重考虑一下那些与公司企业文化相符的人。

让员工共同分享企业成长带来的收益。对于成功开发、拓展投资项目，成功经营企业的核心团队成员以及其他做出贡献的员工，要通过利润分享等方式予以激励，并要尊重员工的长期贡献。对于为企业做出历史性贡献的老员工，要特别给予利益关照，帮助他们免却后顾之忧，例如子女助学、健康保障、长辈慰问等。

此外，企业还可以通过开展多种多样的文化活动和主题建设，营造全员参与的良好氛围，这也是家庭团队型文化的重要表现，凝聚力和人文关怀都能在集体活动中得到充分体现。

五、健全机制，有效落实

（一）企业培训融入核心价值观内容

保持和加强新员工入职培训，着重宣讲和考察对本集团企业文化的了解和认同。在公司的各类培训活动中，采用一些灵活的方式，比如管理游戏、竞赛等方式将公司核心价值观在不经意间传达给员工。在老员工"老带新"的过程中，对新进入的员工"传帮带"专业技术的同时要导入企业文化，潜移默化地影响与改变员工的行为。

（二）强化行为规范

S集团对于通过强化外在行为规范，使员工思想认识外化为工作作风和行为，巩固观念更新的成果。高层管理人员要做到"一敢、二公、三有、四能"，即要敢担当；要公平、公正；要有思路、有魄力、有前瞻性；要能换位思考、能沟通协调、能亲临一线、能关心下属。中层管理人员要"一心、二要、三能、四强"，即要有责任心；要公平公正、业务熟练；要能带团队、能严于律己、能独当一面；要具有较强的沟通能力、组织能力、执行能力、协调能力。

技术人员行为规范要做到"三力促一高"，即要有学习力、钻研力、创新力；促进高效率。生产一线员工行为规范要求其"办事有规矩，做事按标准；踏实体现爱岗，肯干体现敬业。"行政员工行为规范要求"做事公道有思路；团结协作负责任；品行端正求上进"。

企业要遵循"七强化，七避免"的工作作风，即"强化沟通，避免独断专行；强化自律，避免消极怠慢；强化效率，避免推诿扯皮；强化务实，避免形式主义；强化科学，避免经验主义；强化进取，避免得过且过；强化真诚，避免钩心斗角。"

S集团通过引导员工的行为和努力方向与高层管理理念（重视结果、关注过程、管人靠制度、激励是关键）、中层管理理念（"三有一要"即做事有计划、办事有标准、管人有制度、分工要明确）及基层管理理念（分工明确、关注细节、人人有指标、处处效率高）的组织目标相一致，要直观地诠释公司的企业口号、服务理念，使经营活动内容符合文化理念方向。只要有效落实好以上这些重点环节的工作，就能顺利解决企业文化与企业管理"两张皮"的问题。

（三）将公司价值观计入考核体系

S集团将价值观内容作为公司的绩效体系的一部分，通过各种职业化行为标准描述公司核心价值观，鼓励或反对某种行为，达到诠释公司核心价值观的目的。在职工晋升的环节中，加入企业价值观的学习与考核。

同时，S集团要开发企业文化评估指标和评估工具，对企业文化建设进行定期评估，这有利于形成文化建设闭环管理、持续改进的良好局面。通过企业文化评估，可以检验文化理念与员工行为的一致性，必要时对企业文化理念给予补充，对行为予以修正。

此外，有必要根据公司理念体系和管理人员行为规范的要求，强化对各级管理人员率先垂范企业文化理念的管理，同时给予考核且和晋升挂钩。将对企业文化的模范践行，纳入先进的评选标准之中，严格遵循标准评选优秀团队、先进个人。建立表彰和奖励制度，对优秀个人、优秀团队给予奖励；加大榜样行为的传播力度，促进全员借鉴和效仿。

六、有效传播，塑造形象

S集团还可以从以下几个方面传播企业文化，使员工在内外环境中都能够感受到企业的影响力，从而感受团队带来的自豪感，这种自豪感会帮助员工融入其中，将压力转化为动力。

（1）建立集团内部媒体，传播企业文化，交流管理经验，宣传文化理念和报道文化建设动态；拍摄制作企业文化宣传片，利用各种接触窗口对内外传播。

（2）结合S集团实际情况，创造性地开发各类对内、对外传播渠道，如报纸、杂志、网络、论坛、短信平台、宣传视频、宣传手册、张贴画等。

（3）对企业内外接触的物质，融入企业文化元素，如通过微信签名、来电铃声、文件模版、礼品、办公室、软文广告、营销媒介等传播公司理念，树立形象。

（4）利用各类典礼、纪念日、仪式、会议、入职宣誓、表彰大会等宣扬企业文化理念、单位的优秀团队、优秀个人等。

（5）带领员工参与社会活动，在履行社会责任中宣传企业理念和形象。

第五节　企业文化实施效果

S集团企业文化设计方案出台后，得到了各层领导的高度重视和大力支持，随即成立了相应的组织机构，实施方案的一系列保障措施也相继到位。

企业文化设计方案开始逐步实施，经过三年多的努力，方案中的许多内容已经得到落实，方案实施的效果正在逐步呈现。S集团从员工面貌、管理水平、工作绩效到外部形象都发生了明显变化，企业的整体素质和竞争能力得到提高。

一、企业精神理念逐渐为员工接受

各级领导班子充分认识到企业精神理念的确立是解决企业长期积存的思想作风问题的关键，是企业长期健康稳定发展的重要保证，在全局大力倡导企业精神理念的各项内容。中层管理人员认识到企业精神理念的形成能够充分调动员工的工作积极性，增强员工和工作责任感，为企业管理水平的提高创造有利的条件，从而着力支持企业精神理念的推行。在普通员工中，虽然少数员工认为要达到企业精神理念所倡导的境界差距尚大或者认为企业精神理念与本职工作有机结合尚需一个过程，但普遍认为在企业中倡导这样的理念十分必要和正确，从长远来看，企业需要树立这样的理念才能适应新的形势，个人行动方向才能与企业发展目标充分协调一致。

二、员工思想作风明显改善

员工在逐步接受我们倡导的企业精神理念的基础上，其思想作风发生了明显的变化。员工对企业发展的关注程度、对企业的忠诚度、在工作中的责任感都大大提高，一些过去习以为常的不良风气逐步减少甚至消失，而职工积极为企业发展献计献策、主动提高工作水平改进工作质量、为争取企业利益不计个人得失、千方百计使客户满意、努力拓展市场等新的现象不断涌现。全局收到社会投诉较上年有所下降，除企业表彰了一批优秀员工外，还有一名员工分别受到省电力公司和南充市政府的表彰奖励，成为系统内和当地宣传的先进典型。

另一个现象是，该集团员工中逐渐掀起了一片学文化、学技术的热潮，参加各类成人继续教育和短期培训的员工人数显著提升，有人新获得高级专业技术资格，有人新获得中级专业技术资格。

三、企业管理水平逐渐提高

企业领导体制逐步理顺，党政分工明确、相互协作的格局基本形成，工作效率明显提高。在制度上，营销管理、人力资源管理等比较薄弱的环节得到强化，工作人员的服务行为得到规范，企业对市场的研究和应变能力得到提高，分配制度与企业经济效益的联动作用充分发挥，过去在人员考核、任用等方面的突出矛盾得到缓解，一些不正之风得到坚决纠正，管理人员与普通员工的关系明显改善。此外，该集团创建学习型企业的工作得到大力推进，制定了具体的实施办法，成立创建学习型企业讲师团并组织巡回授课，一些新的管理方式已经对企业工作产生了较深的影响，企业风俗进行了规范和强化，如每年开展的员工篮球运动会、乒乓和羽毛球比赛，已经成为弘扬企业精神、增进内部交流、增强企业凝聚力的重要形式。

四、企业生产经营取得较好成绩

企业文化建设对企业生产经营等各项工作产生了明显的积极影响。S 集团的安全管理理念对管理人员要求"源头控制、过程监督、细节防御、操作规范"，安全理念对员工要求做到"三不"，即不伤害自己、不伤害别人、不被别人伤害；使集团未发生安全考核事故，连续三年实现了安全长周期。S 集团具有明显的行业特色以及相应的地域文化特色，这种特色在面临市场化体制改革时，以"三个同等重要"即诚信与质量同等重要、高薪与高才同等重要、高科技与高效益同等重要的经营理念，通过高薪吸引高才，高才支撑高科技，高科技获得高效益的企业经营文化，取得了良好效果，获得支持地方经济发展的荣誉称号，旗下 SX 环保正在准备上市。

五、企业物质文化不断充实

企业产品的包装、宣传工作得到加强，集团下属公司各自的优越性进一步受到企业客户和潜在客户的重视。基础设施改造紧锣密鼓推进，员工生活区大范围改造工程已经完成，办公楼装饰美化工程已经启动，生产场所的局部改造工作已经列入计划。企业视觉识别系统得到广泛应用，除企业主要公共场所、车辆等按统一规范完成装饰外，设计有企业标识的各类办公用品已经下发使用。企业文化传播网络得到切实加强，创办了内部刊物、设置了宣传橱窗，企业展览室正在筹建之中，全年印发各类宣传资料约万份，在当地报刊及当地电视台发布广告，并制作户外广告幅。

六、企业社会形象日益优化

在企业文化建设的实践中，南宁烟草借鉴先进经验，结合自身实际，开展了以"文化宣传发动、文化典型带动、文化活动牵动、文化视觉触动"为主要内容的文化实践活动。S 集团完成了《企业文化手册》的编写及宣贯，还广泛开展了员工行为规范及基本礼仪的培训，营造了浓厚的舆论氛围，形成了强大的宣传声势。宣传教育的不断强化，使企业文化的核心内涵逐步"内化于心"，同时将各岗位基层员工在本职岗位默默奉献，把平凡的工作做成了不平凡事业等事迹收集进企业文化成果之中并进行深入广泛的宣传，把抽象的理念变成一个个通俗易懂、生动活泼的感人事迹，充分反映先进典型人物的崇高精神，让职工身边的典型感染和教育职工，形成了争先创优的良好氛围。

同时还要通过"外化的形式"，将其以直观、醒目的方式展示出来，以便于员工认同和被外界识别。为此，公司与专业广告公司携手合作，开展了企业视觉识别系统设计。成果已正式启用，如今在企业的每一个角落都能够看到 S 集团自己独特的标识和统一的形象，大到办公楼、物流配送车，小到指示牌、记事本，这些必将对树立企业良好的社会形象起到重要作用。

七、结论

本案例通过定性与定量相结合的方法，构建出相对准确、客观的测评体系，对集团企业文化进行全面深入的评估。该体系包含对企业所处内外部环境的分析，高层领导、中基层管理者及普通员工两个层面的问卷调查以及深度访谈，最后在对上述工作获得的一手材料进行诊断分析后，推断 S 集团企业文化建设优化策略应着重从六个方面进行，即统筹规划，求同存异；推陈出新，竞争激励；加强协作，促进和谐；合理用人，避免流失；健全机制，有效落实；有效传播，塑造形象。

企业文化建设不是一蹴而就的事，整个过程既需要发扬公司几代人累积形成的优秀文化，又要摒弃其中阻碍集团发展的不利因素，正确处理好新旧文化的转换和过渡，这其中"度与量"的把握需要不断地摸索总结才能控制好，需要依靠所有 S 集团人聪明才智与突破创新的勇气才能完成企业文化建设这一重任。

第八章 案例二：H集团企业文化优化设计

引言：经营管理企业的最高境界是经营特色的企业文化，健康向上的企业文化才是企业取之不尽用之不竭的动力源泉。企业文化是企业发展的灵魂和新动力，是提高企业核心竞争力的重要因素。只有培养优秀员工和优秀团队，履行社会责任和使命的企业，才能真正形成独特的企业文化生产力，从而保证企业在市场竞争和社会竞争中获取竞争优势并持续发展。

H公司通过企业文化建设，把"快乐生活·快乐工作"的价值观融入企业的生活和工作中，给员工一个发展、共进的平台，积极健康的企业工作环境，严谨务实的企业管理团队，精细化定位发展的持续绩优的企业，进而提高公司知名度，打造特色诚信的服务品牌路线。

第一节 相关背景介绍

内蒙古H公司成立于1990年，现已发展成为将汽车销售、汽车专业维修、二手车交易、房地产开发、矿业、职业教育、建材市场、再生资源利用等行业融为一体的多元化企业集团。并在内蒙古多地区设立分支机构。公司现有员工412人，从事汽车相关工作的员工236人。

经过三十多年来的发展，H公司始终坚持把"顾客价值高于利润"作为首要经营理念，把"亲和友善、快捷机敏"作为服务客户的基本准则，在这样的发展理念基础上，H公司逐步成长为一家跨行业经营的集团企业，公司贯彻落实"互信、团队、进取"的企业精神，为全体员工树立"优秀企业、幸福员工、自我完善、报效社会"的企业理念，逐渐形成了具有H公司特色的企业文化。

在员工协作与客户服务方面，H公司一致推崇"齿轮"精神，努力实现"为客户创造价值，为员工谋求幸福"的美好愿景，以"打造经营特色、服务专业、管理规范、稳步发展的汽车服务业，深度发展高附加值行业多元化企业集团"的使命，打造百年H公司，实现可持续、跨越式发展。

第二节 调研情况

一、调查目的

本次调查旨在深入公司，了解公司性质、服务特点；了解公司企业文化建设的情况，了解公司员工的心声与期望，了解公司管理层次的经营思想与管理理念。为下一步做企业文化手册，导入企业文化提供科学依据。

二、调研时间

20××年9月7日开始进入企业调研，10月15日结束。

三、调研情况

（一）访谈

访谈对象包括高层管理人员4人、中基层9人，共计访谈人员13人。

（二）设计问卷、进行调查

在经过访谈调查的基础上，有针对性地提出问题设计问卷。针对H公司2年以上员工，包括机关、科贸公司、维修股份公司、汽修学校、其他（旧车、再生、石材）发放问卷，以不同层级领导划分：高层领导9份，中层18份，基层46份，从组织机构划分：机关7份，科贸20份，修理厂32份，学校5份；其他9份，从工作年限划分：5年以下48份，5~10年18份，10年以上7份，问卷共计73份，全部为有效问卷。

第三节 员工对企业文化建设的建议

一、关于文化建设

企业文化建设要监管有力，落实到位，要有良好的企业文化氛围；要务实，从现状出发，做好短中长期企业文化建设；多做宣传，让企业文化深入人心，贴近企业，切实可行；企业文化建设能够留住人才，用好人才，建议在实施的过程中，加大培养力度，多给予鼓励和激励。

二、关于企业发展

提高公司知名度，加强服务理念服务水平，打造特色 H 公司、诚信 H 公司，走品牌路线；持续绩优的企业经营状况，积极向上的企业员工心态，严谨务实的企业管理团队，健康快乐的企业工作环境，明确企业经营定位，产品发展方向，企业精细化发展内容，多给员工一个发展与共进的平台。

三、关于培训

多举办一些技术培训和管理培训，打造特色化、专业化的领军企业；多组织一些文体活动，丰富员工工作以外的业余爱好。

四、关于用人

高标准高要求的用人观，用人不要只注重汇报不关注落实；建立公平公正的评优体制，使监管有力、落实到位；要体现老员工的优势，选拔对企业忠诚、能为企业作出贡献的人。

五、关于员工

员工要努力提高自身综合素质，把公司当成自己的家；要敢于发现问题、解决问题；要为企业员工创造出良好的氛围环境，避免勾心斗角，对于品质差的员工要加以调查，说服教育使其向好的方向发展，要丰富员工业余文化生活。

六、设定专门的企业文化部门

明确企业目标，设置合理的企业制度，走制度优秀企业、幸福员工企业的品牌之路。

七、公司要为社会创造价值

在公司发展的基础上为员工做些实事，为员工谋取幸福，给员工创造出良好的工作环境与氛围；切实做到关心员工的实际问题，提高员工精神生活，让每个人都有一种作为公司员工的荣誉感。

第四节　企业文化设计

一、核心服务理念设计

在公司企业文化理念体系的指导下，公司构建了面向协作市场、着眼大局、勇担责任、尽力而为的服务理念体系。这一理念不仅服务于公司的客户，也引领了公司的发展。

（一）公司愿景

努力发展、争取成为能为客户创造价值，为员工谋取幸福的永续发展公司。

为员工谋取幸福：就是为员工提供快乐工作、充分发挥能力和创造力，成就事业、实现梦想的平台。

永续发展：就是立足长远生存和发展，成为百年品牌企业。

为客户创造价值：是为员工谋取幸福，成为永续发展公司的前提。成为能够为客户创造价值，为员工谋取幸福的永续发展公司。

（二）H公司使命

打造一个经营特色化、服务专业化、管理规范化，以稳定发展汽车服务业为平台，积极发展其他高附加值产业的多元化企业集团。这个平台的目标就是为其他产业发展提供品牌、声誉、人才、资金和管理经验。

（三）企业精神

企业精神就像汽车变速箱中的齿轮，是企业前进和发展的动力源泉，H公司人就要具有"互信、团队、进取"的"齿轮"精神。其中：

"互信"精神：齿轮作为动力系统的重要组成部分，在产生动力的过程中，每一个齿轮必须紧紧地和其他齿轮捏合在一块，才能保证整个动力系统的稳定性和动力性，这正体现了我们H公司人互相信赖（相互尊重、相互依存、相互忠诚）的"互信"精神。

"团队"精神：只有当所有的齿轮同时都工作才能保证整个动力系统运转起来，缺一不可，这正体现了H公司的"团队"精神。

"进取"精神：每个齿轮在工作时必须和其他所有齿轮保持同一步调才能使整套系统工作，有一个不转或转慢了整个系统都会运转不正常，这正体现我们H公司人的"进取"精神。

（四）企业核心价值观

H 公司做人的价值观：德为先，坦荡做人；有追求，自强不息

H 公司做事的价值观：快乐工作，追求卓越，实现自我价值

其中，"快乐工作"的定义如图 8-1 所示。

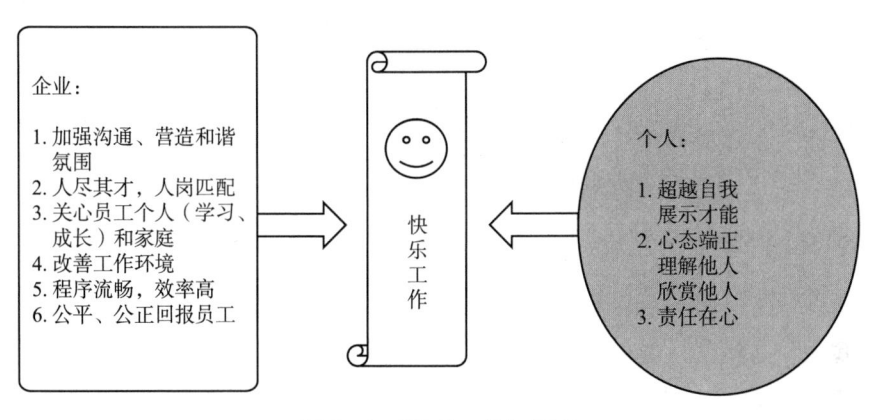

企业：
1. 加强沟通、营造和谐氛围
2. 人尽其才，人岗匹配
3. 关心员工个人（学习、成长）和家庭
4. 改善工作环境
5. 程序流畅，效率高
6. 公平、公正回报员工

→ 快乐工作 ←

个人：
1. 超越自我 展示才能
2. 心态端正 理解他人 欣赏他人
3. 责任在心

图 8-1 "快乐工作"示意

（五）经营理念

"顾客价值高于利润"是 H 公司的经营理念，其中：

顾客价值：指顾客愿意以一定的付出（包括价格、时间、交通费用等成本）换取得的收获（包括服务、产品、体验、收益等）

"顾客价值高于利润"：把为顾客创造价值放在第一位，只有为顾客创造价值，才能获得利润，才能永续发展，才能使企业优秀、员工幸福。

企业通过诚信服务、守法经营、挖掘需求、满足顾客需要来提高产品和服务的性价比（即性能价格比）。

（六）管理理念

目标分级清晰明确、管理方式科学高效、竞争机制规范合理、正视争议求同存异是 H 公司的管理理念。其中：

目标分级清晰明确：高层领导要明确战略目标，了解部门目标；中层领导要理解战略目标、明确部门目标，了解基层目标；基层领导要知道战略目标，理解部门目标，明确岗位目标。

管理方式科学高效：按规律办事，言之有理，持之有据；规范流程；追求全面、精准、协调、持续；运用计划、预算和先进管理手段提高效率。

竞争机制规范合理：建立公平合理的竞争机制，公正客观的评价体系，专业规范的

管理制度。

正视争议求同存异：争议是为了搞好工作，争议是有原则的充分沟通，最终在争议的基础上形成协作与共识。

（七）客户服务理念

"亲和友善、快捷机敏"是 H 公司的客户服务理念。其中：

亲和友善：客户是企业的朋友，要尊重客户、理解客户，建立企业与客户之间的相互信任关系。

快捷机敏：做好内部服务是外部服务的基础。我们要遵循友好（善意、微笑）、诚实、快捷、机智、规范的服务标准。

（八）人才理念

"一结合，两观念"是 H 公司的人才理念。其中，"一结合"是指用人与育人相结合；"两观念"是指德才观和镜子观。

用人与育人结合：注重培养、发掘员工潜力，为员工快速成长创建平台；量才使用，为员工扬长避短创造条件（发挥其长处、克制其缺点）。

德才观：有德有才，破格使用；有德无才，培养使用；无德有才，限制使用；无才无德，绝不使用。

镜子观：你怎样对待员工，员工就会怎样对待你。

二、制度文化设计

H 公司在原有的基础上，更加完善人力资源的招聘、培训、考核、薪酬和财务管理体系。

（一）成立企业文化建设领导小组

由有关领导和工作人员担任组长和成员。同时，建立明确分工，共同管理的责任机制，把企业文化建设的责任、任务、要求落实到基层工作。

（二）完善企业内部文化激励体系

进一步建立和完善企业文化制度，使文化融入制度，制度成为文化载体，从而形成约束和规范职工行为的自觉行动。

（三）制定职责标准

加强企业文化宣传和培训。公司充分利用内部系统、新闻媒体等传播企业文化理念，营造健康的文化氛围，确定员工行动方向和制定职责标准。

三、行为规范设计

（一）工作作风

提倡严谨规范，反对潦草蛮干；提倡求真务实，反对夸夸其谈；提倡实事求是，反对弄虚作假；提倡向上沟通，反对向下散布；提倡言行一致，反对口是心非；提倡主动积极，反对消极等待；提倡用心做好小事，反对好高骛远；提倡专注自己的工作，反对只盯别人的不足；提倡计划预算，反对应急蛮干；提倡"再多一点"的作风，反对得过且过的态度。

这里"再多一点"是指：努力再多一点、容忍再多一点、追求再一点等。

（二）管理人员行为规范

"一好、二要、三有、四能、五力"是H公司提炼出的管理人员行为规范。

"一好"要求管理人员"品德好"；"二要"是指要"善于思考、乐于培养下级"；"三有"是指应该"有悟性、有潜力、有理想"；"四能"是指"能以身作则、能带领团队、能勇担责任、能好学创新"；"五力"是指要具备"执行力、判断力、预见力、抗压力、决断力"。

（三）员工行为规范

H公司的员工行为规范被归纳为"员工六品行"：认真、踏实、忠诚、勤奋、团结、上进。

具体来讲就是要做事认真、踏实肯干；忠于公司、遵守规范；志向远大、勤奋上进；团结协作、责任心强。

四、企业视觉形象设计

企业视觉识别的基本要素是由公司名称、企业品牌标识、标准颜色、符号图案、口号等构成。目的是建立统一、标准化的形象，特别是在对外沟通和与客户接触时，良好的企业形象不仅可以与客户快速建立信任感，也便于在日常交流沟通中传播企业的品牌形象。

（一）公司标识设计

H公司的注册商标，即公司的标识，直接看出是两条高速路，寓意着企业高速发展。图案是HC两个字的拼音第一个字母的艺术组合。图案的颜色是深蓝的，代表海洋的颜色，蓝色蕴涵着博大、深远，寓意着公司的发展空间是无限的。标识的外环是一个椭圆形,是地球的形状,寓意着 H 公司的服务具有广阔的视野。

(二) 员工制服设计

H 公司的员工都配备了工作服和印有公司名称和标志的制服,从而营造出舒适亲切的工作环境。在实际使用中,为了实现礼品交换、公司推广和提高公司知名度,在做公司礼品、纪念产品设计时,也要考虑标志应符合产品特征,要与公司性质等规范一致。

(三) 公司之歌设计

由相关部门制作公司歌曲,在公司的重大活动、会议、庆典上表演或演唱。在新员工的培训中,通过教唱歌曲来鼓舞士气,创造积极的氛围,凝聚团结的精神。定期举办升旗仪式并奏公司歌,以此来提升员工凝聚力。

(四) 厂旗设计

升旗仪式将在公司的重大活动和工厂的庆祝活动中举行,并与公司歌曲相结合,形成更完美的公司仪式。厂旗平时悬挂在主要的工作环境中,如公司主楼前面、接待室、展览室和会议室等。

(五) 企业环境与企业容貌设计

企业的形象与员工工作环境是企业物质文化的重要部分。与企业员工工作相关的各种物质设施、厂房、厂容、厂景、厂貌、设施等,还有公司名称、符号、空间结构设计等,都属于物质文化的范畴。企业形象是企业文化的直接展现,更是能够体现企业其个性化的标志。

第九章 案例三：G公司企业文化导入实施研究

引言：随着内蒙古高速交通网络与G服务公司的快速发展，服务区作为高速公路的关键辅助设施，直接面对来往出行旅客及客货运司机，将提供更完备舒心的服务质量，有利于融合塑造出结合本地特色的文化特征，是促进地方经济发展与文化交流的窗口。

面对国家、自治区地区与交通行业的飞速发展，G服务公司也迎来新的机遇与挑战，不断变化的市场需求、激烈的行业竞争、车流量的大幅增加、顾客结构发生重大变化，这些都将推动服务区分公司进入快速成长和提升服务能力的关键发展时期。因此，根据G服务公司的整体发展思路和指导思想，针对G服务公司现状及未来五年公司的发展与需求，公司与时俱进，积极贯彻落实习近平新时代中国特色社会主义思想，以"服务国民经济和社会发展全局、服务社会主义新农村建设、服务人民群众安全便捷出行"的三个服务理念作为指导，不断建立健全与客观环境相匹配相适应的企业文化。

企业经营的软环境是企业文化，对企业的长期发展起着非常重要的作用。如何在团队中获得更加具有活力的深度参与和奉献？如何让集体成员为组织的目标而默默奋斗？企业文化不是通过各种大口号、抽象的想法和一些会议等，就能解决的问题，它需要能触及团队成员内心的力量，达成共识并实现。企业文化的建设要立足于"以人为本"，只有先提高员工对公司文化的认可度，才能端正并提高员工的工作态度，从而提升企业管理水平和竞争能力。

第一节 相关背景介绍

G服务公司是内蒙古高等级公路建设开发有限责任公司的下属分公司，成立于2005年1月1日，负责对G服务公司所辖的高等级公路服务区进行经营管理。分公司设有较为完备的配套科室与管理模式，经过多年来不断的发展进步，已为自治区高速服务区的服务质量创下了一个又一个新里程。

经过多年的发展与探索，G 服务公司的核心管理思路是系统性地不断完善针对服务区各类经营与服务项目的统一标准化与规范化建设。主要体现在以下几个方面。

一、餐饮管理

主要在三个方面采取措施，一是引入职业经理人，实行管理认证制。分公司与中国烹饪协会等相关专业协会共同举办了多次"服务区餐厅职业经理人培训认证班"，以国家餐饮行业标准结合地区特色美食对服务区餐饮进行改造升级。二是开展内蒙古特色餐饮创新探索，对应设置服务区餐饮总监，结合服务区实际情况对自治区各地特色菜品进行再次挖掘与改进，并借助内蒙古烹饪协会力量开发出兼顾性价比与口味特色的菜品，努力贯彻落实"一区一特色，风情餐饮一条路"的服务目标。三是引进成熟连锁品牌与本土著名品牌，分公司正从较大流量的服务区开始逐步落实"名、优、特"餐饮品牌的引进与监督管理。

二、超市管理

主要强调 4 种规范：规范的室内装饰设计，规范的货架排列，规范的超市收银机系统，规范的货物签名标识。

三、汽修管理

主要明确 4 项要求：价格透明、公开展示；修车前先与顾客沟通，提前签订维修合同，直接明确配件的价格标准；定期考察维修人员的上岗资格；采取半军事化管理来规范维修人员。

四、客房管理

服务区客房根据实际需求现主要设置了标准 2 人间、3 人间和司机免费午间休息房三大类，整体客房部参照了市区酒店的标准进行软、硬件配置。客房部的服务工作在免费救助受雨、雪阻困的旅客时，起到了重要的作用。

五、公厕管理

服务区公厕具体由聘用的保洁人员直接管理，公共卫生是服务区的第一形象。分公司将公厕作为标准化、规范化建设的首要突破口，一直都非常重视其治理建设方面的投入。通过近年来的不断健全建设，全区高速公路新建、改造的公厕已均具备现代服务设施设备，公厕内全部配备了擦鞋机、洗手液装置、干手机等服务设备，冬季已能够为旅客提供热水洗手，为旅客缓解旅途疲劳。

第二节 公司现状与发展面临的形势

一、调研情况

（一）调查目的

本次调查旨在深入企业，了解公司性质、服务特点；了解公司企业文化建设的情况，了解公司员工的心声与期望，了解公司管理层次的经营思想与管理理念。为下一步完善企业文化手册，导入企业文化提供科学依据。

（二）调研时间

20××年7月28日开始进入企业调研，8月20日结束。

（三）调研情况

1. 问卷与访谈

（1）问卷：针对机关工作人员和H、S、X服务区员工（包括餐饮、保安、保洁、住宿等部门员工）发放问卷，机关32份，H服务区62份，S服务区44份，X服务区94份。问卷共计232份。

（2）访谈：访谈对象包括高层管理人员3人、中层环节以上干部10人（包括办公室主任、设备科长、副科长、质量监督科长、财务科长、助理各1人，4人监管员）、机关员工代表3人，服务区承包商3人，服务区工作人员2人，共计访谈人员21人。

2. 问卷整理

对问卷所有问题进行了再次筛选，选取了28道单选（剔除了1题；16题，因为企业文化手册中未提及"使命愿景"）与19道多选（剔除了45题）。其中X服务区的问卷显示，答案多雷同，不能反映客观、真实情况。故分析时剔除这部分问卷，仅保留H、S服务区的106份问卷作为分析依据。机关32份，全部为有效问卷。考虑到机关与服务区在业务性质、人员构成方面的显著差异，问卷统计分别进行。

3. 访谈整理

对访谈的21人进行了录音，并根据录音整理了文字材料；课题组成员对这些材料进行了讨论与研究，提炼出了主要观点。

二、问卷单选题分析

（一）对现有企业文化的认识

1. 对现有企业文化的认识

通过调查发现，机关和服务区员工对现有的企业文化认识不足，如表9-1和图9-1所示。

表9-1　　　　　　　　　　对现有企业文化的认识统计数据

认知情况	机关（人）	机关（％）	服务区（人）	服务区（％）
知道	18	56.3	27	25.4
不太清楚	13	40.6	60	56.6
不知道	1	3.1	19	18.0

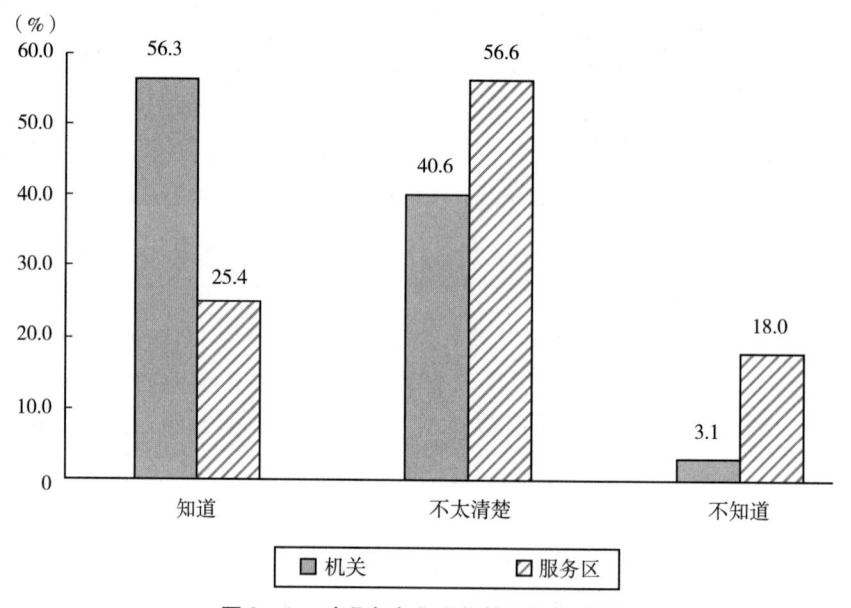

图9-1　对现有企业文化的认识柱状图

2. 对"八讲、八风"的认识

通过调查发现，公司员工对于"八讲""八风"的了解程度，机关远远高于服务区，如表9-2和图9-2所示。

表9-2　　　　　　　　对"八讲""八风"的认识统计数据

认知情况	机关（人）	机关（%）	服务区（人）	服务区（%）
了解	25	78.1	20	18.9
不是很清楚	6	18.8	42	39.6
一无所知	1	3.1	44	41.5

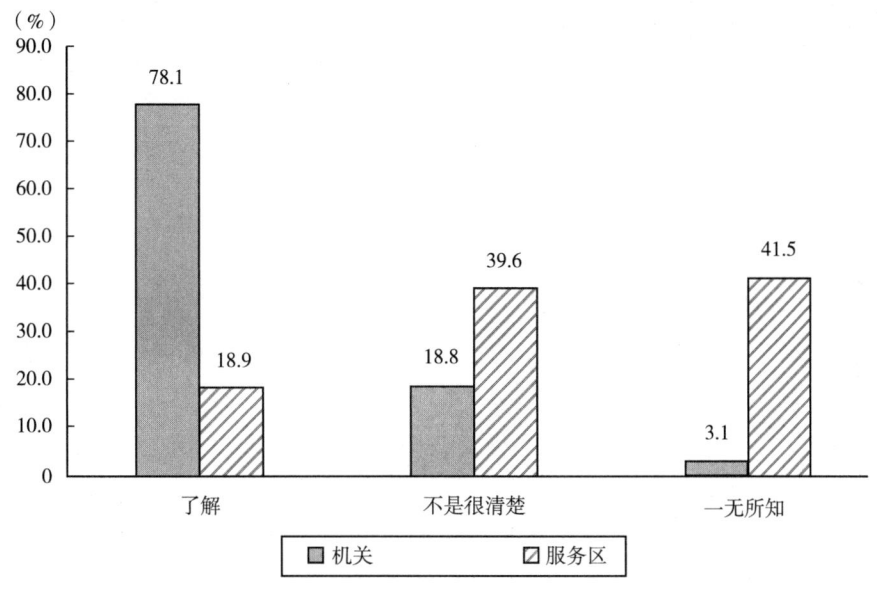

图9-2　对"八讲""八风"的认识柱状图

3. 公司现有文化对公司发展的促进作用

通过调查发现，机关和服务区人员认为公司现有文化对公司发展有一定的促进作用，如表9-3和图9-3所示。

表9-3　　　　　　　公司现有文化对公司发展的促进作用统计数据

认知情况	机关（人）	机关（%）	服务区（人）	服务区（%）
有很大作用	9	28.0	25	23.6
有一定作用	19	59.4	51	48.1
没有作用	2	6.3	9	8.5
不清楚	2	6.3	21	19.8

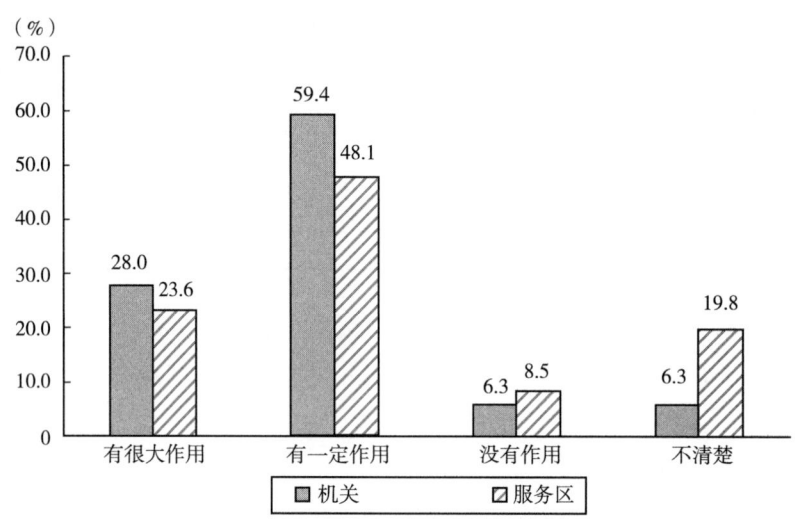

图9-3 公司现有文化对公司发展的促进作用柱状图

4. 公司现有的文化活动（含：员工教育培训、业余生活等）是否足够

通过调查发现，机关和服务区都认为现有的文化活动不能够满足员工的要求，如表9-4和图9-4所示。

表9-4 公司现有的文化活动数据统计表

认知情况	机关（人）	机关（%）	服务区（人）	服务区（%）
足够	4	12.5	15	14.1
不太够	13	40.6	30	28.3
不够	13	40.6	34	32.1
不清楚	2	6.3	27	25.5

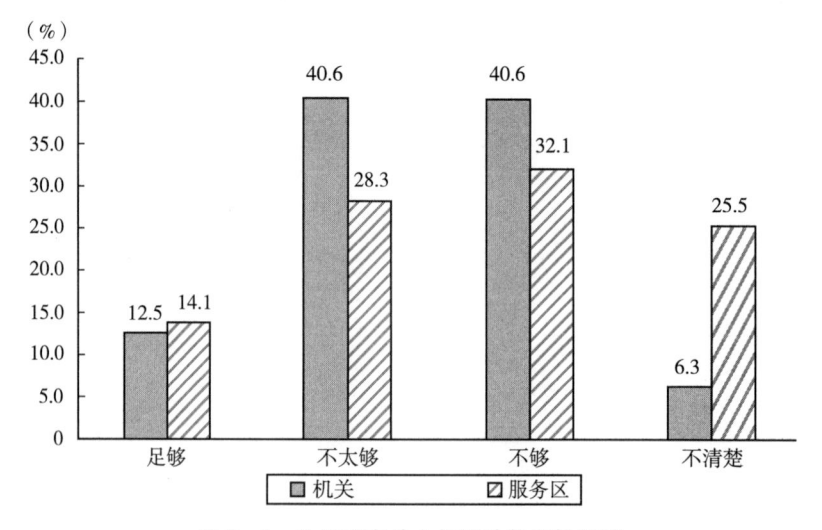

图9-4 公司现有的文化活动数据柱状图

5. 在工作中是否尝试创新

通过调查发现，机关和服务区大部分员工喜欢创新，部分员工在尝试创新。机关员工创新意识超过服务区员工，如表9-5和图9-5所示。

表9-5　是否尝试创新的数据统计表

认知情况	机关（人）	机关（%）	服务区（人）	服务区（%）
喜欢创新	19	59.4	42	39.6
经常尝试并多次成功	8	25.0	6	5.7
多次失败，但仍会继续	2	6.2	11	10.4
没有创新	3	9.4	47	44.3

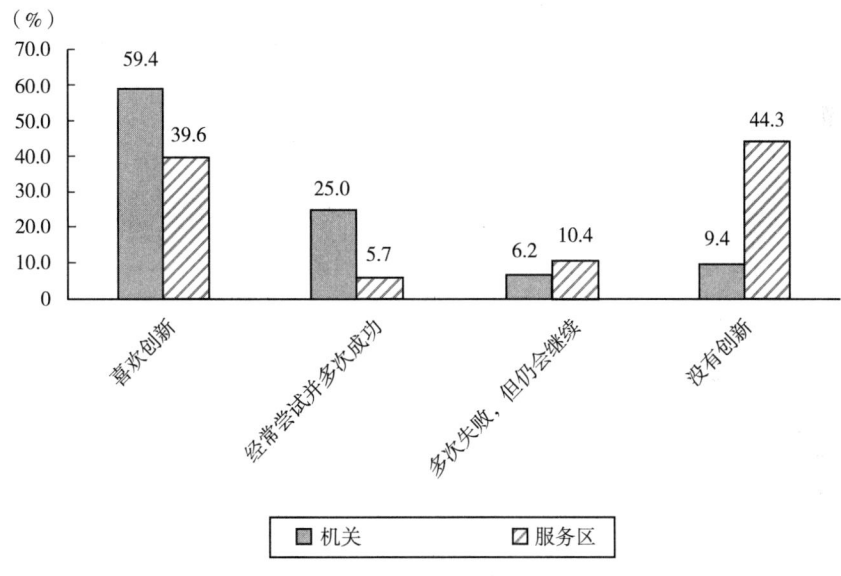

图9-5　是否尝试创新的数据柱状图

6. 公司员工的士气

通过调查发现，无论机关或服务区，员工士气都是一般，如表9-6和图9-6所示。

表9-6　公司员工的士气的数据统计表

认知情况	机关（人）	机关（%）	服务区（人）	服务区（%）
士气高	2	6.2	14	13.2
较高	7	21.9	18	17.0
一般	21	65.6	59	55.7
不太理想	2	6.3	15	14.1

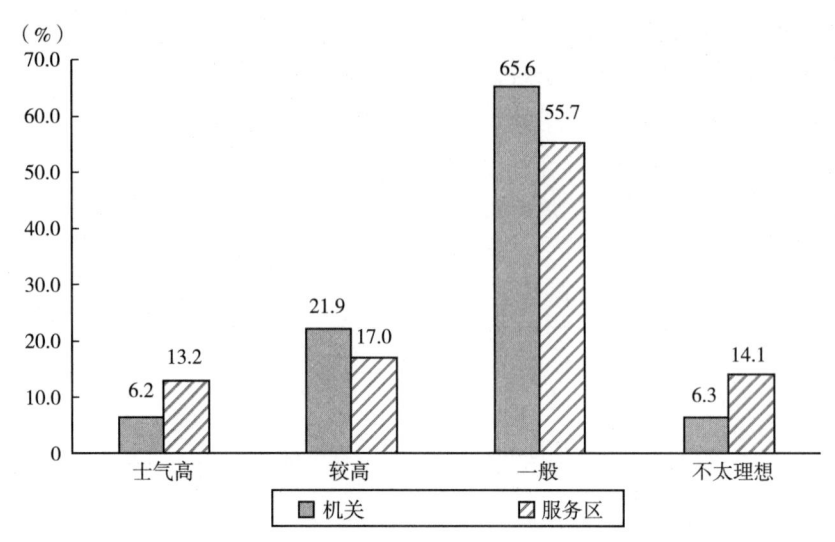

图 9-6 公司员工的士气的数据柱状图

7. 员工的合理化建议是否受到了重视

通过调查发现，机关员工合理化建议都能得到公司的重视，如表 9-7 和图 9-7 所示。

表 9-7　　　　　　员工的合理化建议受重视程度数据统计表

认知情况	机关（人）	机关（%）	服务区（人）	服务区（%）
很受重视	4	12.5	28	26.4
受重视	5	15.6	18	17.0
一定程度受重视	18	56.3	37	34.9
不受重视	5	15.6	23	21.7

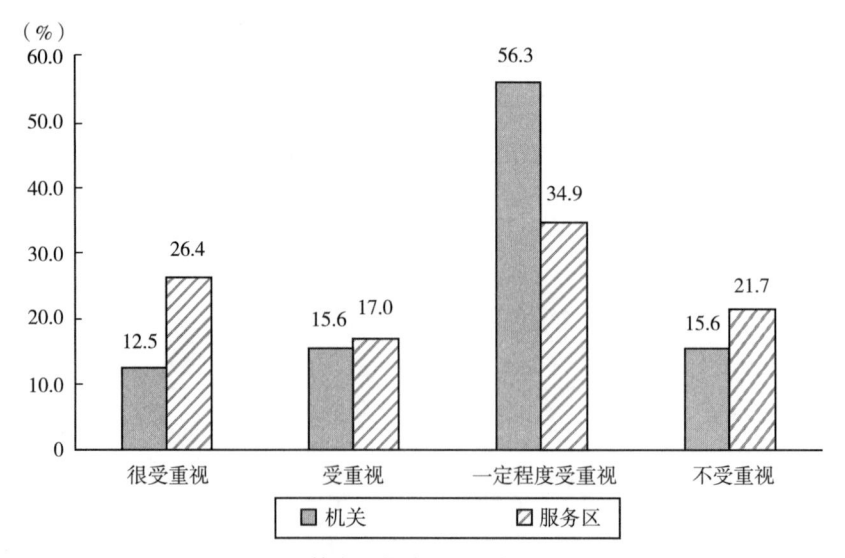

图 9-7 员工的合理化建议受重视程度数据柱状图

8. 公司领导在作出有关员工切身利益的决策时，是否征求员工意见

通过调查发现，在作出有关员工切身利益的决策时，服务区领导比机关领导在更加关注征求员工方面的意见，如表9-8和图9-8所示。

表9-8　　　　　　　　　　公司领导征求员工意见数据统计表

认知情况	机关（人）	机关（%）	服务区（人）	服务区（%）
征求	10	31.3	23	21.7
经常征求	6	18.7	19	17.9
有时征求	8	25.0	44	41.5
不征求	8	25.0	20	18.9

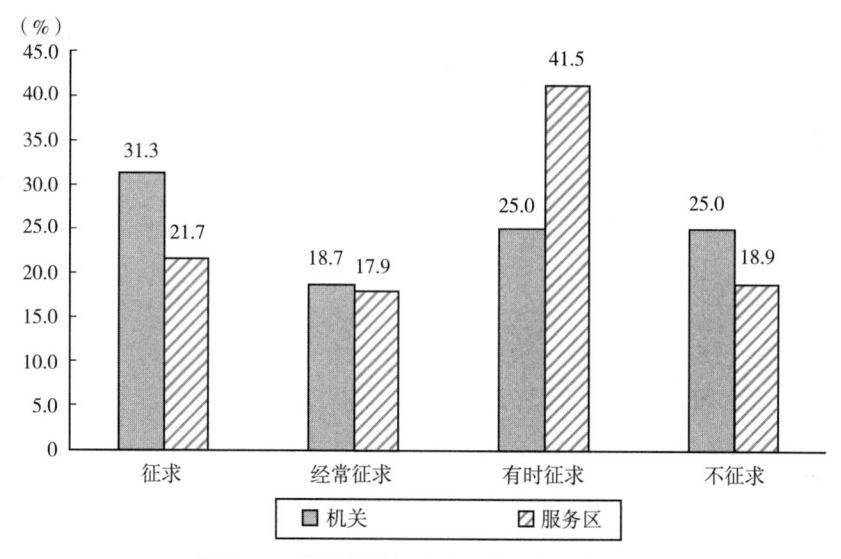

图9-8　公司领导征求员工意见数据柱状图

9. 对重大问题的决策，公司是否遵循有关规定的程序

通过调查发现，大部分机关和服务区员工认为，公司对重大问题的决策基本能够遵循有关规定的程序，如表9-9和图9-9所示。

表9-9　　　　　　公司对重大问题决策是否遵循有关规定程序的数据统计表

认知情况	机关（人）	机关（%）	服务区（人）	服务区（%）
遵循	13	40.6	37	35.0
有时遵循	5	15.6	16	15.1
基本遵循	10	31.3	33	31.1
不规则遵循	3	9.4	14	13.2
不遵循	1	3.1	6	5.6

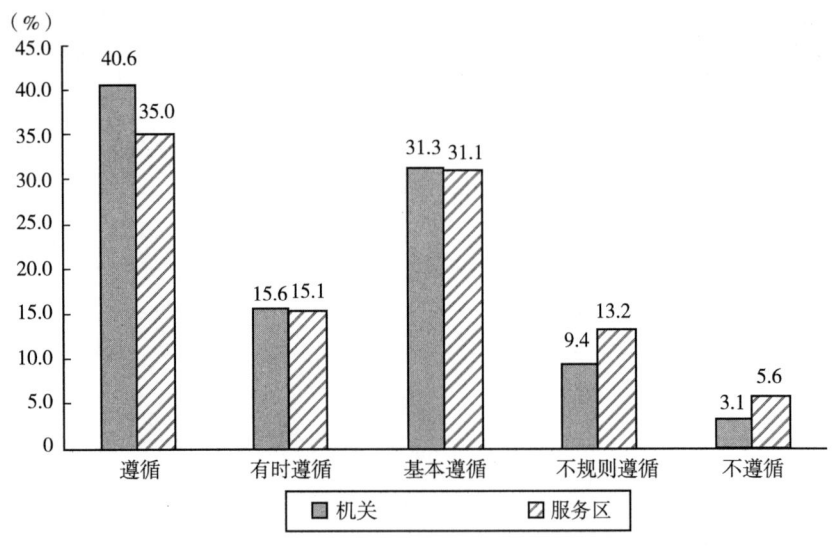

图 9-9 公司对重大问题决策是否遵循有关规定程序的数据柱状图

10. 是否有接受培训的机会

通过调查发现,机关员工认为接受培训的机会更多一些,近一半的服务区员工认为,没有机会接受培训,如表 9-10 和图 9-10 所示。

表 9-10　　　　　　　　　是否有接受培训的机会的数据统计表

认知情况	机关（人）	机关（%）	服务区（人）	服务区（%）
很多	3	9.4	13	12.3
有机会但机会不多	23	71.9	51	48.1
没有机会	6	18.7	42	39.6

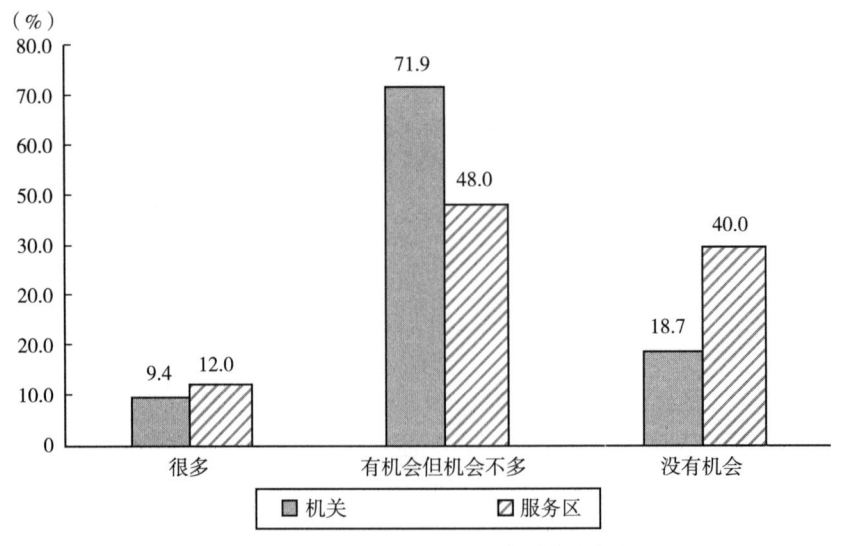

图 9-10 是否有接受培训的机会的数据柱状图

11. 目前公司员工的整体素质能否适应未来公司发展的需要

通过调查发现，大部分机关员工认为员工素质不能适应公司发展的需要，服务区近 1/3 员工对此认识模糊，如表 9 – 11 和图 9 – 11 所示。

表 9 – 11　　　　　公司员工素质是否适应未来公司发展需要的数据统计表

认知情况	机关（人）	机关（%）	服务区（人）	服务区（%）
能适应	9	28.1	22	20.8
不能适应	10	31.3	14	13.2
不太适应	7	21.9	22	20.8
差距很大	5	15.6	17	16.0
不知道	1	3.1	31	29.2

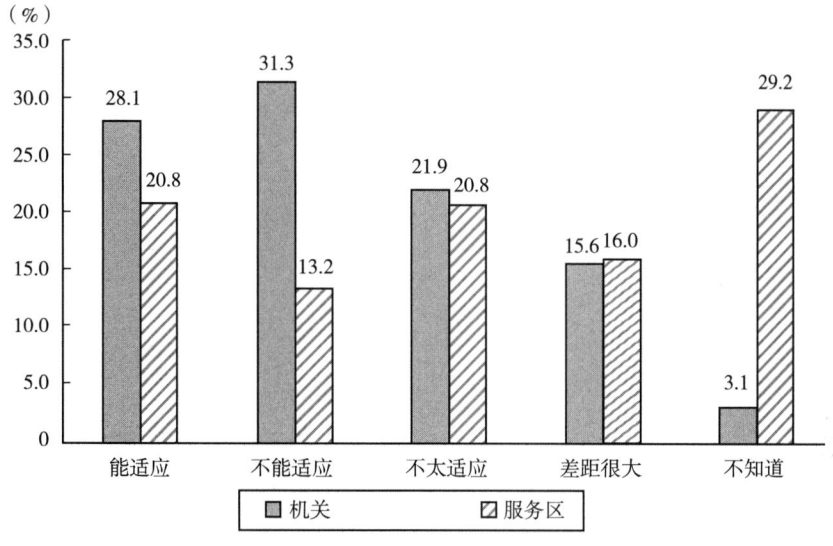

图 9 – 11　公司员工素质是否适应未来公司发展需要的数据柱状图

12. 在公司能否实现自己的理想

通过调查发现，机关和服务区都有近 50% 的员工均表示要看以后的发展，如表 9 – 12 和图 9 – 12 所示。

表 9 – 12　　　　　在公司能否实现自己的理想的数据统计表

认知情况	机关（人）	机关（%）	服务区（人）	服务区（%）
能实现自己的理想	8	25.0	22	20.7
要看以后的发展	15	46.9	50	47.2
不能	6	18.8	13	12.3
不知道	3	9.3	21	19.8

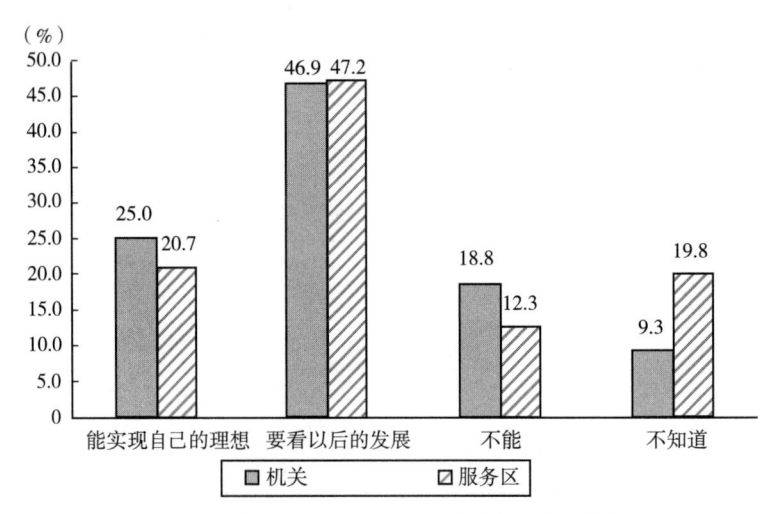

图 9-12 在公司能否实现自己的理想的数据柱状图

13. 在公司工作，工作能力提升幅度

通过调查发现，机关和服务区大部分员工表示，在公司工作能力有所提高，但提高速度慢，如表 9-13 和图 9-13 所示。

表 9-13　　　　　　　　在公司工作，工作能力提升幅度的数据统计表

认知情况	机关（人）	机关（％）	服务区（人）	服务区（％）
有大幅度提高	6	18.8	14	13.2
会有提高	10	31.3	33	31.1
提高速度太慢	12	37.5	31	29.2
没有提高	2	6.2	9	8.5
不知道	2	6.2	19	18.0

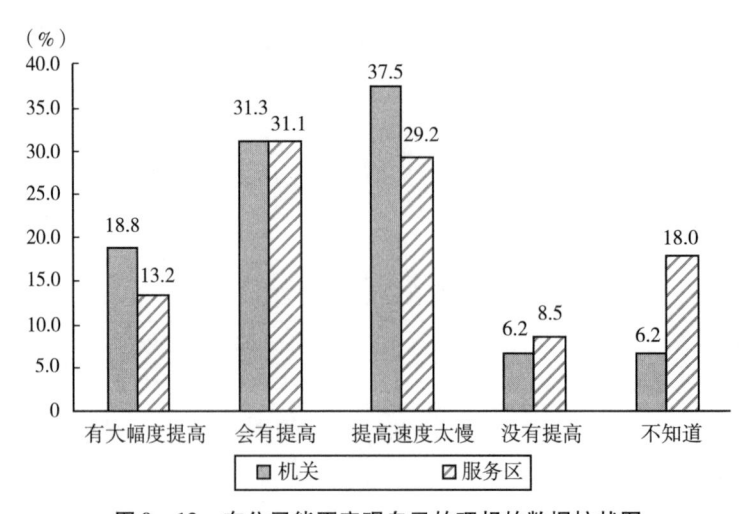

图 9-13 在公司能否实现自己的理想的数据柱状图

14. 工作中的烦恼

通过调查发现，对于工作中的烦恼，机关人员多选择因工作报酬低，没兴趣；服务区人员除了工作报酬低、更偏向于人际关系难处理、没有挑战性，如表9-14和图9-14所示。

表9-14　　　　　　　　　工作中烦恼的数据统计表

认知情况	机关（人）	机关（%）	服务区（人）	服务区（%）
人际关系难处理	2	6.3	31	29.2
工作报酬低	17	53.1	39	36.8
没兴趣	11	34.4	6	5.7
没有挑战性	2	6.2	30	28.3

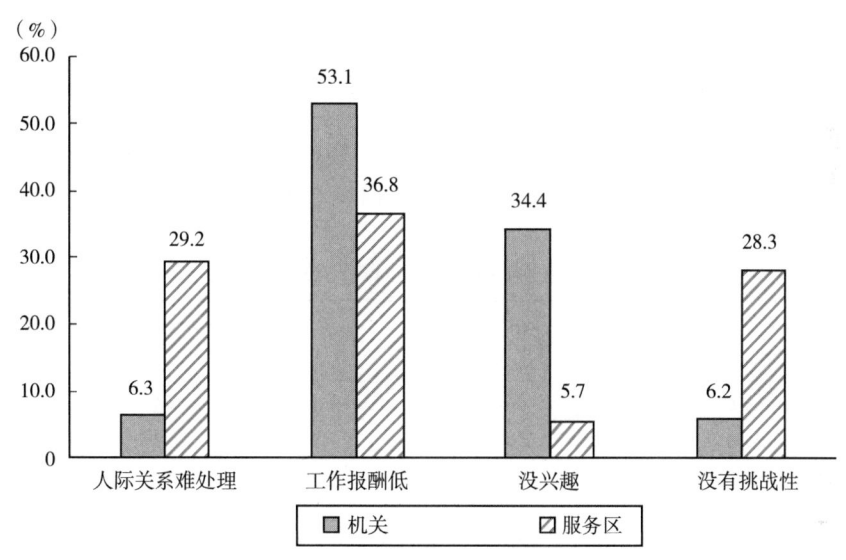

图9-14　工作中烦恼的数据柱状图

15. 是否乐于向上级表达自己的想法

通过调查发现，机关和服务区均有近50%员工表示乐意向上级表达自己的想法，有部分员工表示希望表达，但没有机会，1/4机关员工表示无所谓，1/3服务区员工表示无所谓或不乐意，如表9-15和图9-15所示。

表9-15　　　　　　　　向上级表达自己的想法的数据统计图

认知情况	机关（人）	机关（%）	服务区（人）	服务区（%）
很乐意，上级能够经常倾听	15	46.9	49	46.2
希望表达但没机会	9	28.1	20	18.9
无所谓	7	21.9	29	27.4
不愿意	1	3.1	8	7.5

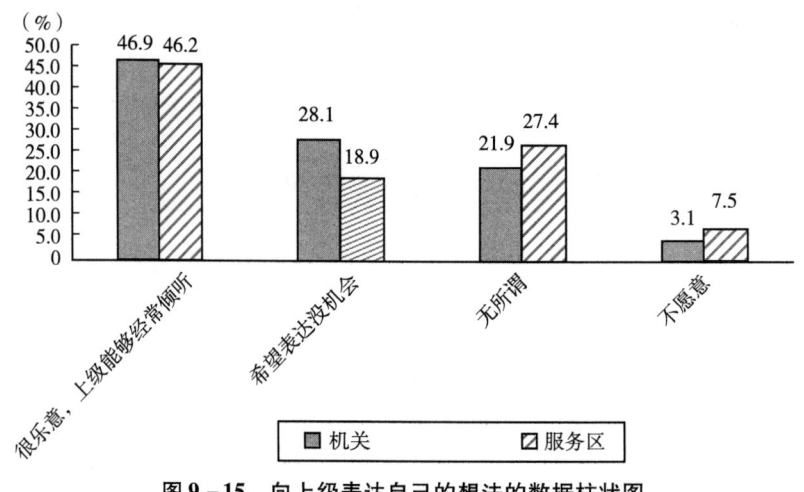

图 9-15 向上级表达自己的想法的数据柱状图

16. 在工作中遇到困难时求助的对象

通过调查发现，机关和服务区员工求助对象的最佳选择均为部门同事，服务区员工向领导求助的比例明显高于机关员工，如表 9-16 和图 9-16 所示。

表 9-16　　　　在工作中遇到困难时求助对象的数据统计表

认知情况	机关（人）	机关（%）	服务区（人）	服务区（%）
向部门同事求助	15	46.9	40	37.7
会自己想办法	11	34.4	22	20.8
向领导求助	2	6.2	32	30.2
向其他部门同事求助	2	6.3	11	10.4
向企业外的朋友求助	2	6.3	1	0.9

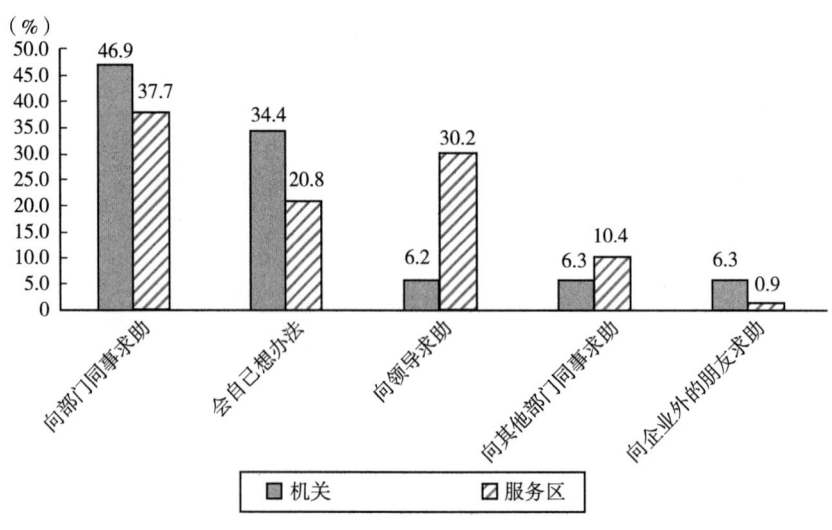

图 9-16 在工作中遇到困难时求助对象的数据柱状图

17. 所在部门对员工的评定是否有一套客观标准

通过调查发现,机关人员认为公司对员工有客观评定标准的比例明显高于服务区员工,如表9-17和图9-17所示。

表9-17　　　所在部门对员工评定是否有一套客观标准的数据统计表

认知情况	机关（人）	机关（%）	服务区（人）	服务区（%）
有,而且不错	10	31.2	34	32.1
有,但不科学	15	46.9	29	27.3
没有	5	15.6	16	15.1
不知道	2	6.3	27	25.5

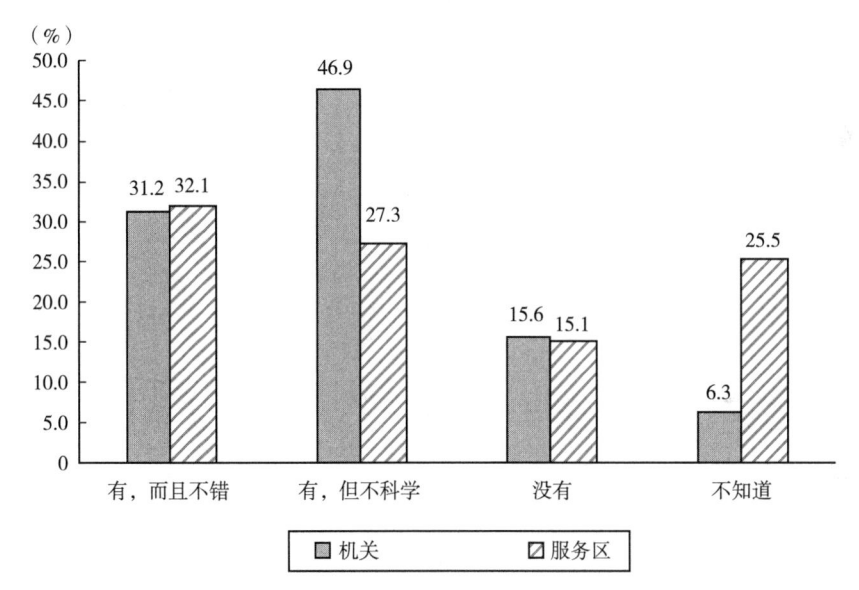

图9-17　所在部门对员工评定是否有一套客观标准的数据柱状图

18. 领导是否公平

通过调查发现,超过3/4的机关和服务区员工均认为公司领导是公平的,如表9-18和图9-18所示。

表9-18　　　领导是否公平的数据统计表

认知情况	机关（人）	机关（%）	服务区（人）	服务区（%）
公平	19	59.4	54	50.9
说得过去	5	15.6	38	35.9
不公平	8	25.0	14	13.2

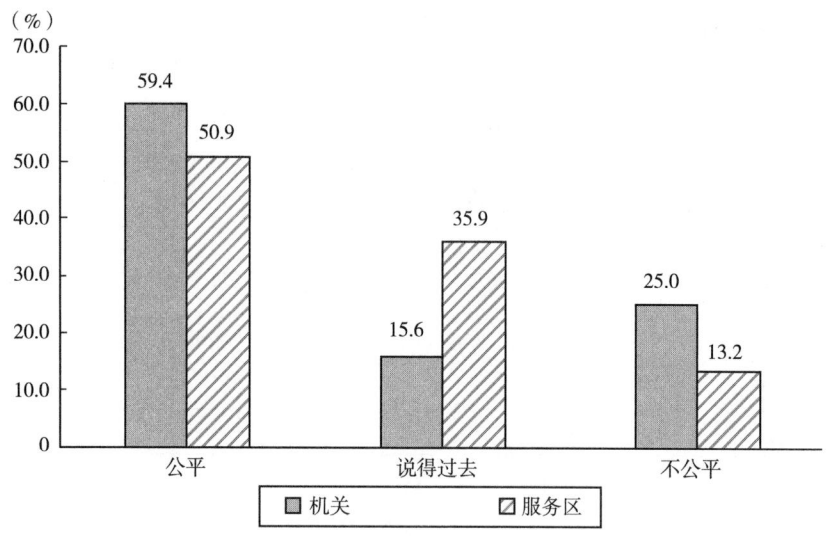

```
        (%)
70.0
         59.4
60.0
              50.9
50.0
                                        35.9
40.0
30.0                                                     25.0
                          15.6                                   13.2
20.0
10.0
  0
         公平              说得过去                    不公平
                 ■ 机关        ▨ 服务区
```

图 9-18　领导是否公平的数据柱状图

19. 是否知道公司为员工设置的奖励制度

通过调查发现，奖励制度对机关人员的激励作用要明显甚于服务区人员，如表 9-19 和图 9-19 所示。

表 9-19　　　　　是否知道公司为员工设置的奖励制度的数据统计表

认知情况	机关（人）	机关（%）	服务区（人）	服务区（%）
参加过评选，并认为有一定激励作用	17	53.1	20	18.9
知道，但从来没有参加过评选	5	15.6	33	31.1
知道，但认为只是一种形式	7	21.9	28	26.4
不知道	3	9.4	25	23.6

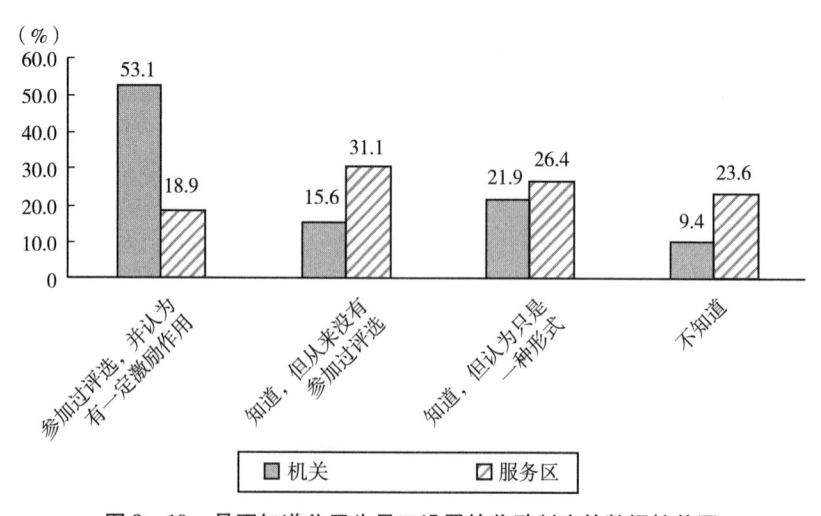

```
       (%)
60.0   53.1
50.0
40.0
30.0        18.9          31.1       21.9 26.4
20.0              15.6                            23.6
10.0                                         9.4
 0
    参加过评选，  知道，但从来没有  知道，但认为只是   不知道
    并认为有一定   参加过评选       一种形式
    激励作用
            ■ 机关        ▨ 服务区
```

图 9-19　是否知道公司为员工设置的奖励制度的数据柱状图

20. 是否愿意佩戴公司的司徽

通过调查发现，大多数机关和服务区员工均表示愿意佩戴公司的徽章，如表 9-20 和图 9-20 所示。

表 9-20　是否愿意佩戴公司司徽的数据统计表

认知情况	机关（人）	机关（%）	服务区（人）	服务区（%）
愿意佩戴	22	68.8	73	68.9
无所谓	9	28.1	30	28.3
不愿意	1	3.1	3	2.8

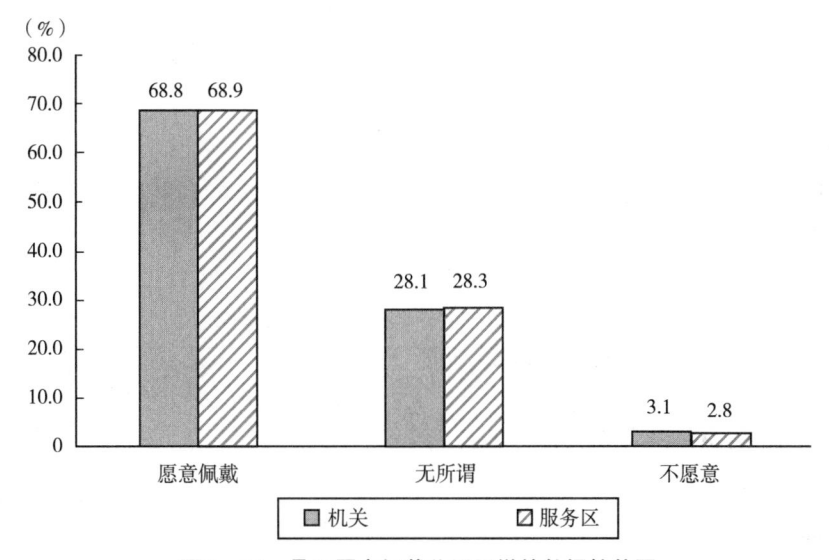

图 9-20　是否愿意佩戴公司司徽的数据柱状图

21. 对所在部门被评为先进集体的态度

通过调查发现，绝大多数机关和服务区员工对单位被评为先进集体表示高兴，只有近 2% 的服务区员工表示无所谓，如表 9-21 和图 9-21 所示。

表 9-21　对所在部门被评为先进集体态度的数据统计表

认知情况	机关（人）	机关（%）	服务区（人）	服务区（%）
很高兴	20	62.5	49	46.2
高兴	8	25.0	32	30.2
比较高兴	2	6.3	8	7.5
有点高兴	1	3.1	15	14.2
无所谓	1	3.1	2	1.9

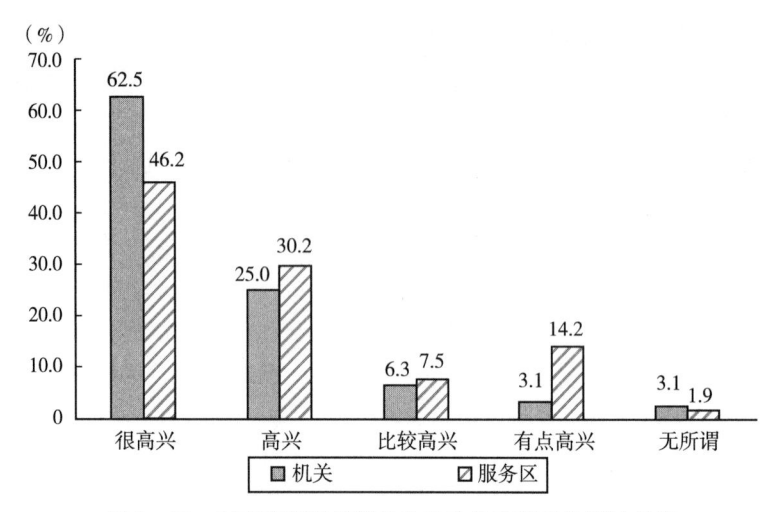

图 9-21 对所在部门被评为先进集体态度的数据柱状图

22. 对有人对公司进行抨击时的态度

通过调查发现,当有人对公司进行抨击时,大多数员工会反驳。服务区员工进行反驳的比例超过机关员工,如表 9-22 和图 9-22 所示。

表 9-22　　　　　　　有人对公司进行抨击时态度的数据统计表

认知情况	机关（人）	机关（%）	服务区（人）	服务区（%）
反驳	11	34.4	38	35.9
可能反驳	5	15.6	8	7.5
一定程度上反驳	10	31.3	49	46.2
基本不反驳	5	15.6	9	8.5
不管	1	3.1	2	1.9

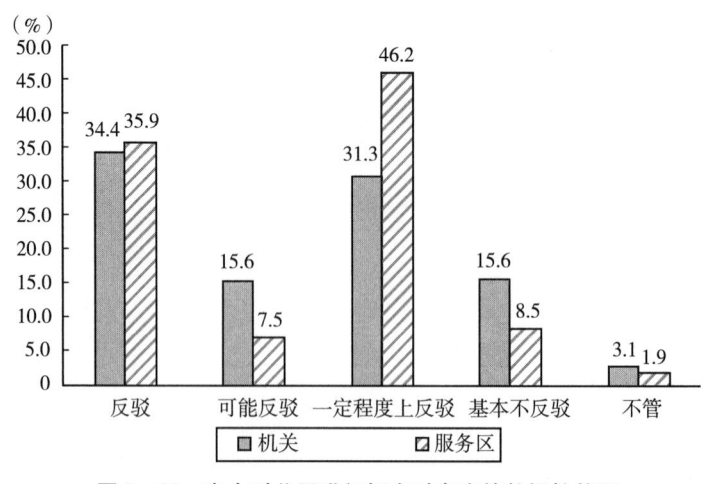

图 9-22 有人对公司进行抨击时态度的数据柱状图

23. 如果发现公司存在问题，又不在职责之内，是否会提出

通过调查发现，对于公司存在的问题，有一半的机关员工会提出，这一比例高于服务区员工；服务区员工表示看情况的比例超过机关；表示不会提出的员工，机关和服务区的比例基本相同，如表9-23和图9-23所示。

表9-23　　如果发现公司存在问题，又不在职责之内，是否会提出的数据统计表

认知情况	机关（人）	机关（%）	服务区（人）	服务区（%）
会提出	17	53.1	40	37.7
看情况	10	31.3	50	47.2
不会提出	5	15.6	16	15.1

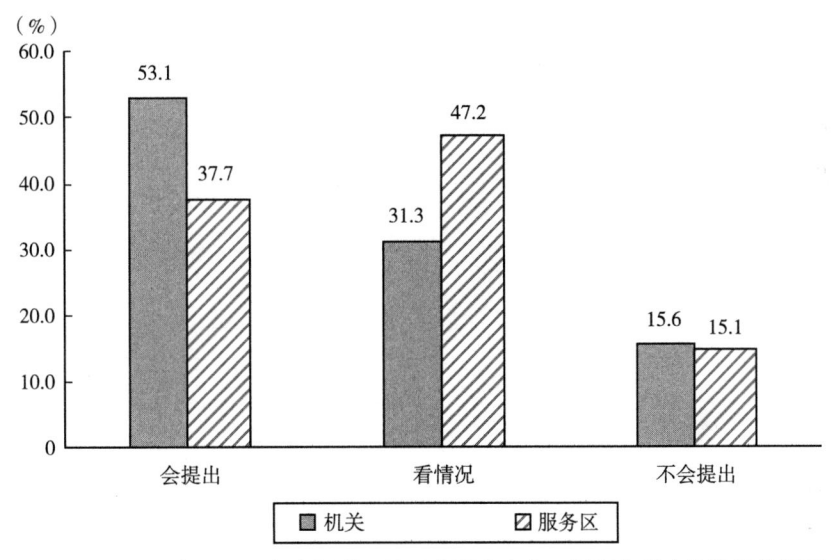

图9-23　如果发现公司存在问题，又不在职责之内，是否会提出的数据柱状图

24. 工作之余，是否参加公司组织的活动

通过调查发现，机关员工参加公司组织活动的比例明显高于服务区员工，达到63%。有近一半的服务区员工表示从来没有参加过或听说过公司活动，如表9-24和图9-24所示。

表9-24　　　　　　工作之余是否参加公司组织活动的数据统计表

认知情况	机关（人）	机关（%）	服务区（人）	服务区（%）
经常	20	62.5	17	16.0
不多	11	34.4	38	35.9
从来没有参加过	1	3.1	37	34.9
没听说过	0	0.0	14	13.2

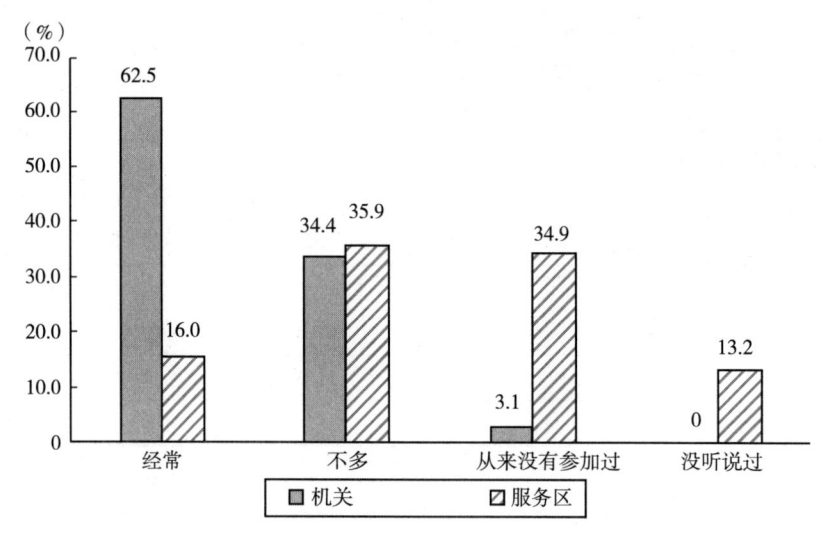

图 9-24 工作之余是否参加公司组织活动的数据柱状图

25. 是否清楚公司日常发生的大事

通过调查发现，对公司日常发生的大事，大部分员工均表示不太清楚或不清楚。在服务区，这一比例更高达82%，如表9-25和图9-25所示。

表 9-25　　　　　　　　是否清楚公司日常发生大事的数据统计表

认知情况	机关（人）	机关（%）	服务区（人）	服务区（%）
清楚	12	37.5	19	17.9
不很清楚	14	43.7	65	61.3
不清楚	6	18.8	22	20.8

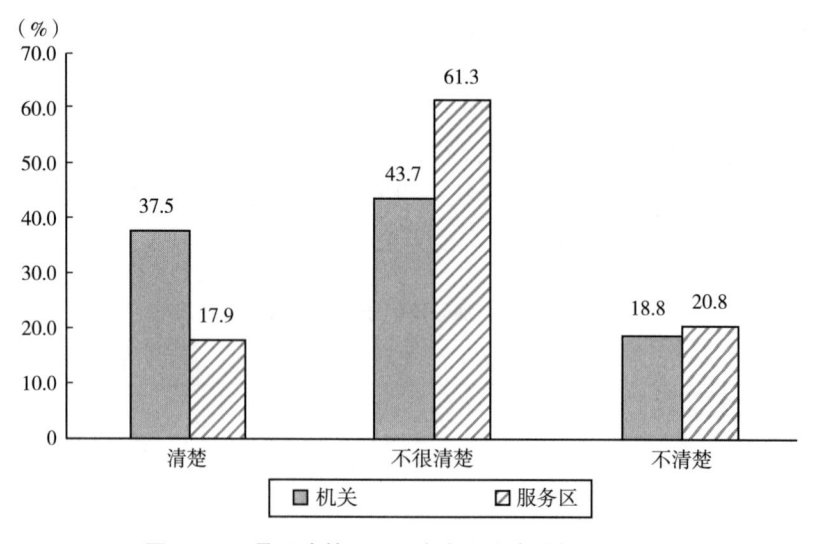

图 9-25 是否清楚公司日常发生大事的数据柱状图

26. 是否了解公司的发展目标、发展战略

通过调查发现，对公司的发展战略，很多员工表示想知道，但没有渠道了解，如表 9-26 和图 9-26 所示。

表 9-26　　　　　是否了解公司发展目标和战略的数据统计表

认知情况	机关（人）	机关（%）	服务区（人）	服务区（%）
很了解	7	21.9	20	18.9
想知道、但没有渠道了解	13	40.6	58	54.7
不知道	8	25.0	22	20.8
不关心	4	12.5	6	5.6

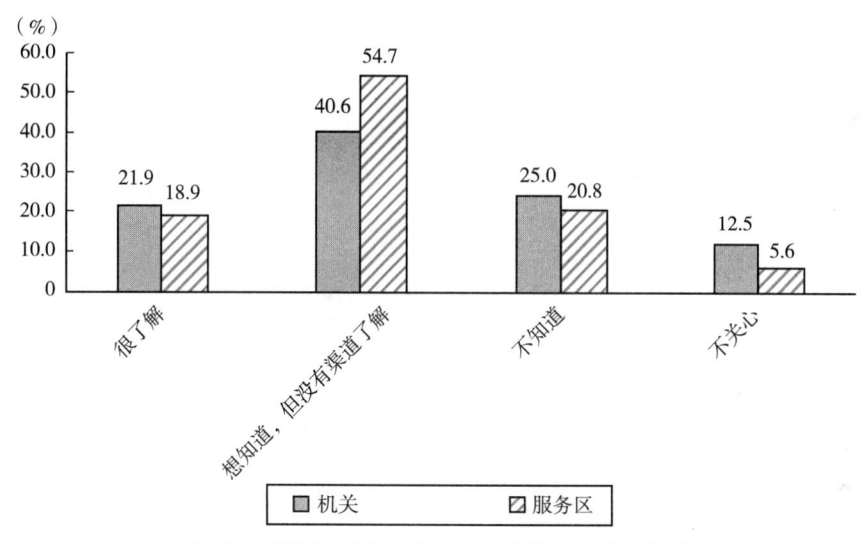

图 9-26　是否了解公司发展目标和战略的数据柱状图

27. 是否了解公司的规章制度，对员工是否有影响

通过调查发现，认为公司的规章制度会对员工产生影响的机关员工的比例超过服务区员工，如表 9-27 和图 9-27 所示。

表 9-27　　　　是否了解公司的规章制度，对员工是否有影响的数据统计表

认知情况	机关（人）	机关（%）	服务区（人）	服务区（%）
了解，指导员工的行为	17	53.1	39	36.8
了解，认为没有影响	5	15.6	33	31.2
了解，但脱离实际	10	31.3	17	16.0
不了解	0	0.0	17	16.0

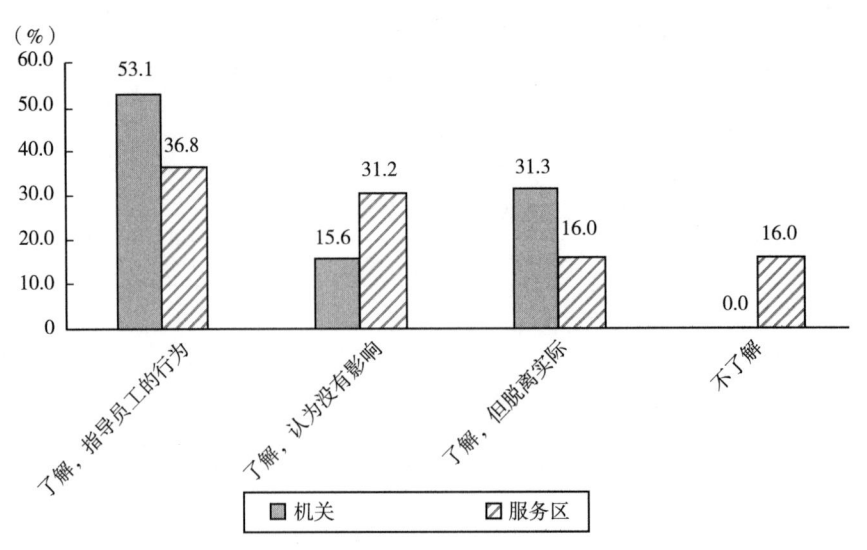

图 9-27 是否了解公司的规章制度，对员工是否有影响的数据柱状图

28. 作为公司员工是否有强的自豪感

通过调查发现，服务区和机关相当一部分员工对公司没有归属感、自豪感，如表 9-28 和图 9-28 所示。

表 9-28　　　　　　　作为公司员工是否有强自豪感的数据统计表

认知情况	机关（人）	机关（%）	服务区（人）	服务区（%）
有	13	40.6	41	38.7
时而有	10	31.3	43	40.6
没有	7	21.9	20	18.8
不知道	2	6.2	2	1.9

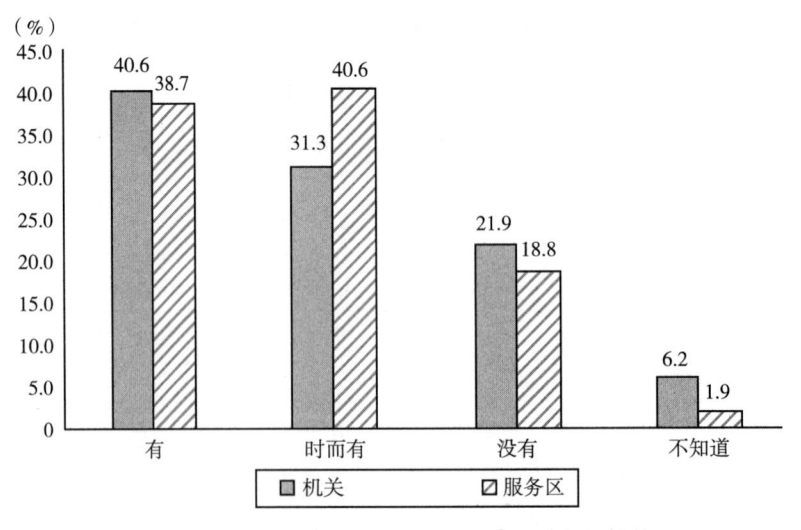

图 9-28 作为公司员工是否有强自豪感的数据柱状图

（二）问卷分析小结

1. 对企业文化和公司文化的认知

员工对现有企业文化认同感不高，认知不统一；机关员工对现有企业文化的关注要多于服务区员工，尤其表现在对"八讲""八风"建设的关注；而服务区员工对其知之甚少，员工认为现有的文化活动较少，而文化活动能够促进公司的发展。

2. 员工意识

员工意识包括创新意识、守纪律意识、参与意识、集体荣誉意识、学习意识、危机意识和发展意识，具体如下：

创新意识：大部分员工喜欢创新，部分员工在尝试创新。机关员工创新意识超过服务区员工。

守纪律意识：认为公司的规章制度会对员工产生影响。

参与意识：对于公司存在的问题，员工愿意提出，服务区员工超过机关。

集体荣誉意识：员工对单位被评为先进集体表示高兴，遇到公司被抨击大多数员工会反驳，服务区员工进行反驳的比例超过机关员工。

学习意识：员工要求接受培训的机会更多一些，大部分机关员工认为员工素质不能适应公司发展的需要。

危机意识：机关员工的危机意识比较强烈，服务区员工的危机意识比较薄弱。

发展意识：大部分员工表示，在公司工作，工作能力有所提高，但提高速度慢；在公司能否实现自己的理想，近50%的员工在观望。

3. 文化氛围

文化氛围包括重视员工、决策规范、奖励制度、对员工评价的客观程度以及大事信息沟通渠道和个人之间的沟通程度，具体如下：

重视员工：重视员工合理化建议，机关更明显；公司决策重视员工利益，领导公平。

决策规范：对重大问题的决策，公司遵循或基本遵循有关规定的程序。

奖励制度：机关人员的激励作用要明显优于服务区人员。

对员工评价的客观程度：机关人员认为公司对员工有客观评定标准的比例明显高于服务区员工。

大事信息沟通渠道：对公司日常发生的大事，大部分员工均表示不太清楚，服务区比例高达82%。对公司的发展战略，很多员工表示想知道，但不了解。

个人之间的沟通程度：员工表示乐意向上级表达自己的想法，员工求助对象的最佳选择均为部门同事。

4. 文化导入条件

员工对于企业文化的作用认识比较高，具体如下：

业余活动：工作之余，机关员工参加公司组织活动的比例明显高于服务区员工，达到63%。有近一半的服务区员工表示从来没有参加过或听说过公司活动；现有的文化活动不能够满足员工的要求。

士气：无论机关或服务区，士气比较一般。

工作烦恼：报酬低是普遍的烦恼，服务区人员认为人际关系不好处理、工作缺乏挑战性。

有塑造品牌的意愿：大多数机关和服务区员工均表示愿意佩戴公司的徽章。

三、问卷多选题分析

（一）问卷分析

1. 关于公司内部信息传递渠道

通过调查发现，关于公司内部信息传递的渠道，机关排序为文件通告、会议传达、同事传达、宣传栏。服务区排序为同事传达、会议传达、文件通告、宣传栏。据此进行企业文化传播与灌输时，可选择不同的载体。具体数据如表9-29和图9-29所示。

表9-29　　　　　　关于公司内部信息传递渠道的数据统计表

认知情况	服务区	服务区（%）	机关	机关（%）
会议传达	54	51	19	59
文件通告	29	27	28	88
同事传达	78	74	14	44
宣传栏	10	9	14	44
其他	25	24	8	25

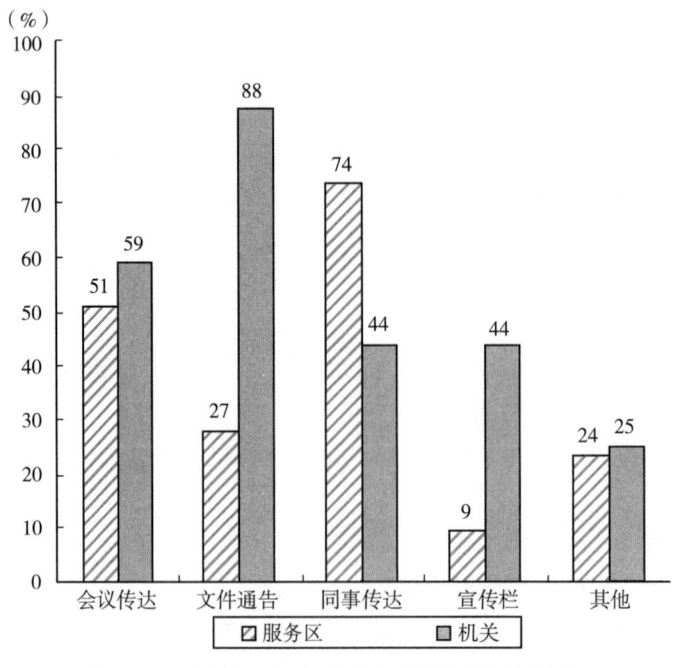

图9-29　关于公司内部信息传递渠道的数据柱状图

2. 公司应当具备的核心理念

通过调查发现，关于公司应具备的核心理念，机关和服务区选择较多的均为人本管理、服务至上、创新精神、质量意识。只是排序稍有差别，机关的排序是：人本管理、服务至上、创新精神、质量意识；服务区的排序是：服务至上、创新精神、人本管理、质量意识。具体数据如表9-30和图9-30所示。

表9-30　　　　　　　　公司应当具备核心理念的数据统计表

认知情况	服务区（人）	服务区（%）	机关（人）	机关（%）
服务至上	94	89	23	72
创新精神	60	57	17	53
人本管理	45	42	25	78
质量意识	44	42	16	50
技术领先	34	32	7	22
至诚圆满 卓越贡献	24	23	10	31
实业报国	12	11	3	9
其他	3	3	7	22

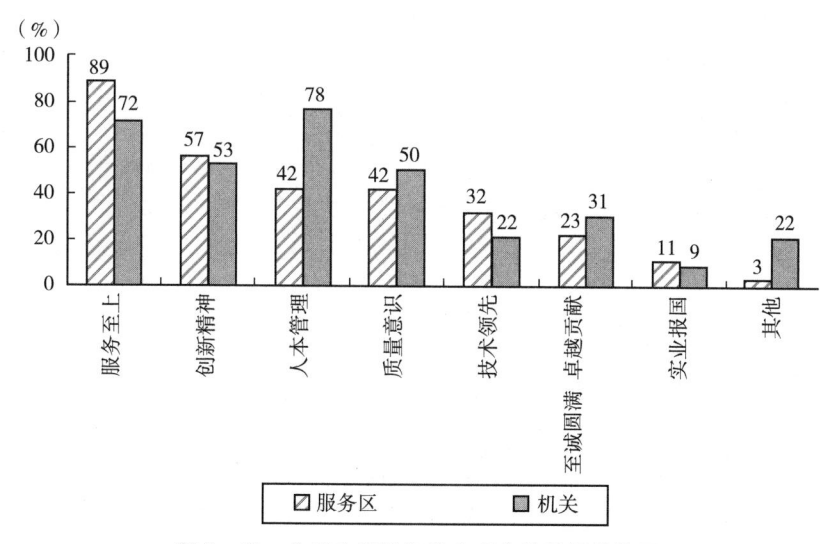

图9-30　公司应当具备核心理念的数据柱状图

3. 公司应奉行的管理思想

通过调查发现，关于公司应奉行的管理思想，机关和服务区选择较多的均为：以人为本，与时俱进；优质服务，精益求精；全员、全过程、全方位；优化机制，制度管理。并且都将以人为本放在第一位，而且优质服务分别列第二、第三位。机关的排序是：以人为本，与时俱进；全员、全过程、全方位；优质服务，精益求精；优化机

企业文化诊断与设计

制,制度管理。服务区的排序是:以人为本,与时俱进;优质服务,精益求精;高效率创造高效益;全员、全过程、全方位;优化机制,制度管理。具体数据如表9-31和图9-31所示。

表9-31　　　　　　　公司应奉行管理思想的数据统计表

项目	服务区(人)	服务区(%)	机关(人)	机关(%)
以人为本,与时俱进	78	74	23	72
优质服务,精益求精	56	53	19	59
高效率创造高效益	41	39	0	0
全员、全过程、全方位	39	37	20	63
优化机制,制度管理	37	35	16	50
聚焦目标,精细协调	30	28	10	31
结果导向,过程精品	16	15	7	22
其他	4	4	4	13

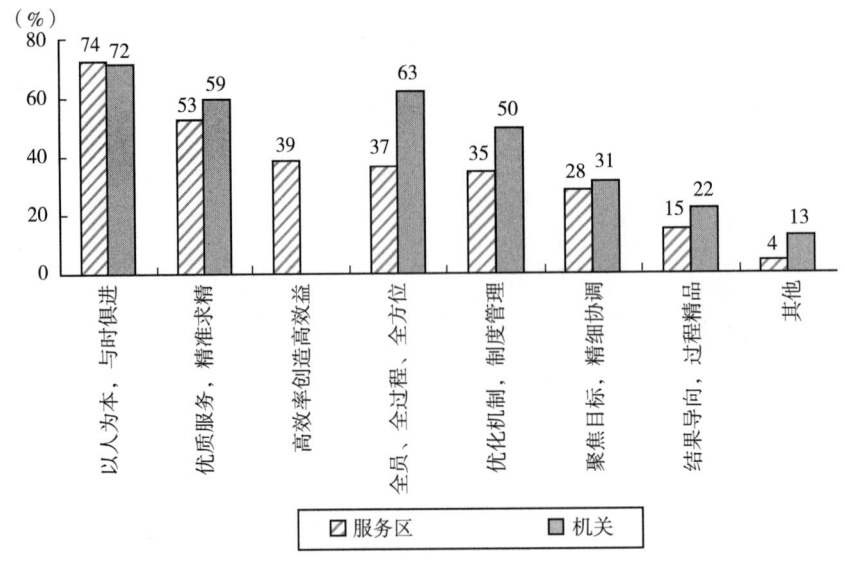

图9-31　公司应奉行管理思想的数据柱状图

4. 公司企业文化应重点突出

通过调查发现,关于公司企业文化应突出的重点,双方选择较多的均为人性化管理、团队精神、创新。机关排序是人性化管理、团队精神、科学管理、创新。服务区排序是:团队精神、人性化管理、创新、竞争力。具体数据如表9-32和图9-32所示。

表9-32　　　　　　　公司企业文化应重点突出的数据统计表

项目	服务区（人）	服务区（%）	机关（人）	机关（%）
团队精神	70	66	23	72
人性化管理	62	58	26	81
创新	51	48	18	56
竞争力	38	36	10	31
科学管理	32	30	20	63
其他	6	6	6	19

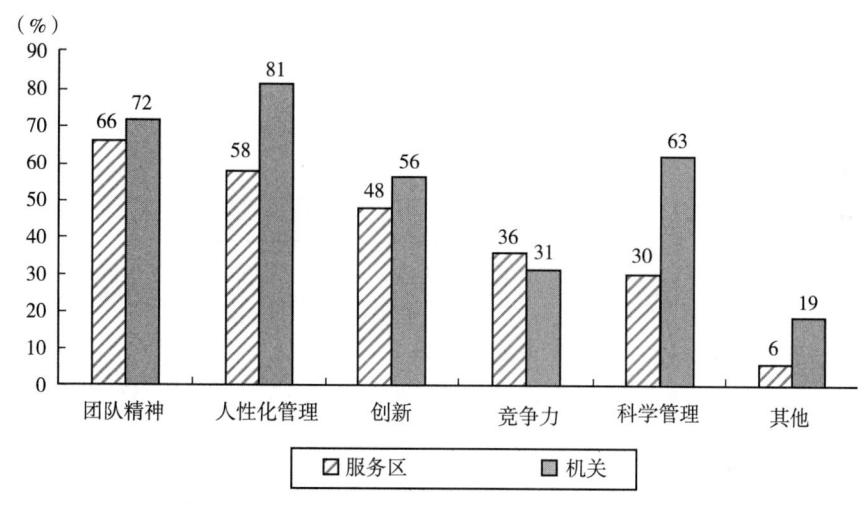

图9-32　公司企业文化应重点突出的数据柱状图

5. 如何能进一步提高公司员工的士气

通过调查发现，增强员工士气的因素双方选择较多的均为：合理薪酬；创造合理的人才评定体系，培养晋升途径；加强沟通；目标激励。具体数据如表9-33和图9-33所示。

表9-33　　　　　　　进一步提高公司员工士气的数据统计表

项目	服务区（人）	服务区（%）	机关（人）	机关（%）
薪酬合理	71	67	25	78
创造合理的人才评定体系，培养晋升途径	40	38	19	59
加强沟通	52	49	15	47
增加教育培训投入，创造学习型组织	35	33	14	44
目标激励	44	42	14	44
文化凝聚	42	40	9	28
增强负激励	21	20	9	28

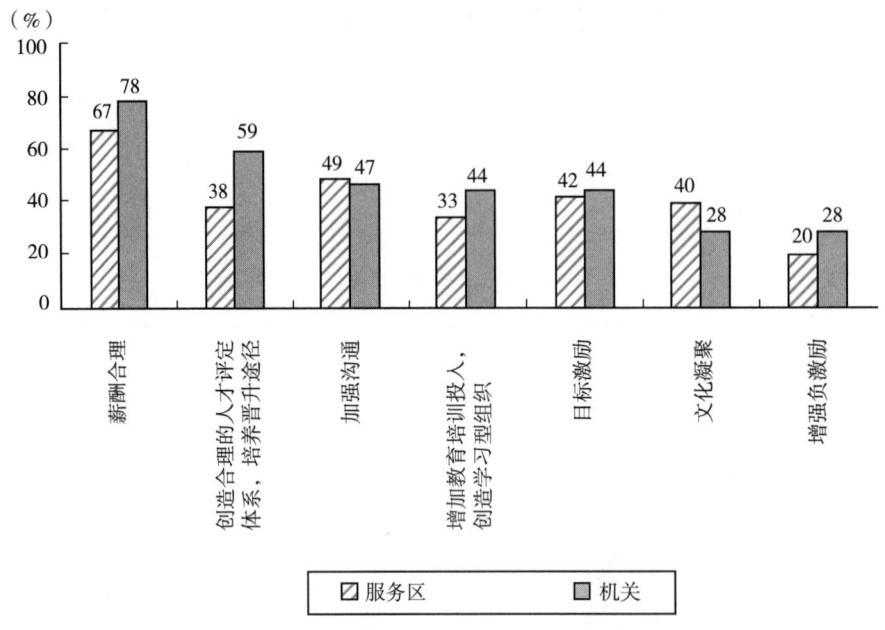

图 9-33 进一步提高公司员工士气的数据柱状图

6. 公司员工的素质哪些方面还需要提升

通过调查发现，双方均认为需要在团队合作精神、工作效率与灵活性、学习力与技能、凝聚力和向心力、创新精神等方面提升员工素质。具体数据如表 9-34 和图 9-34 所示。

表 9-34　　　　　　　　公司员工素质哪些方面还需要提升的数据统计表

项目	服务区（人）	服务区（%）	机关（人）	机关（%）
团队合作精神	47	44	20	63
学习力与技能	47	44	16	50
沟通能力	46	43	12	38
工作效率与灵活性	45	42	18	56
创新精神	45	42	15	47
凝聚力和向心力	43	41	20	63
思想观念的转变	26	25	16	50
追求与进取精神	26	25	10	31

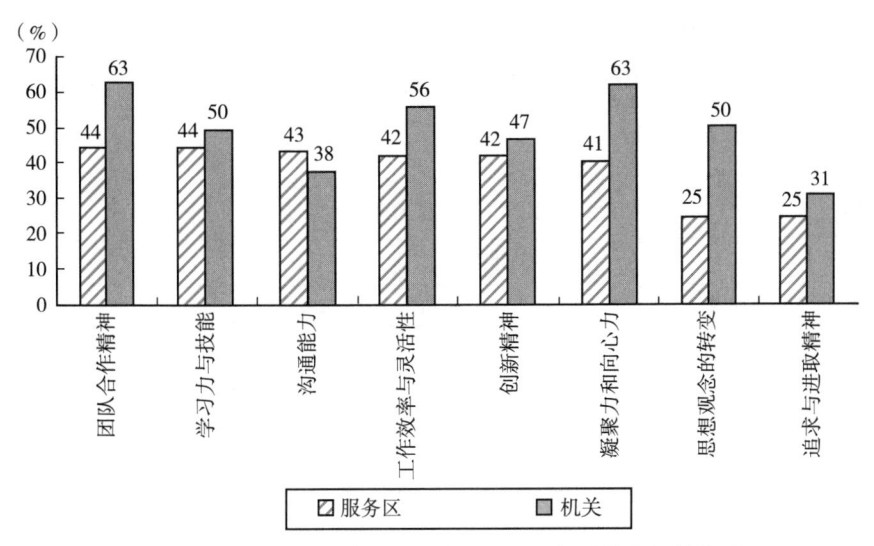

图 9-34　公司员工素质哪些方面还需要提升的数据柱状图

7. 与同事相处和谐的关键

通过调查发现，机关和服务区员工都认为与同事和谐相处的关键是宽容、坦诚、共同的追求。具体数据如表 9-35 和图 9-35 所示。

表 9-35　　　　　　　　与同事相处和谐的关键数据统计表

项目	服务区（人）	服务区（%）	机关（人）	机关（%）
宽容	74	70	26	81
坦诚	67	63	27	84
共同的追求	48	45	13	41
情投意合	36	34	5	16
互惠互利	23	22	3	9
其他	11	10	10	31

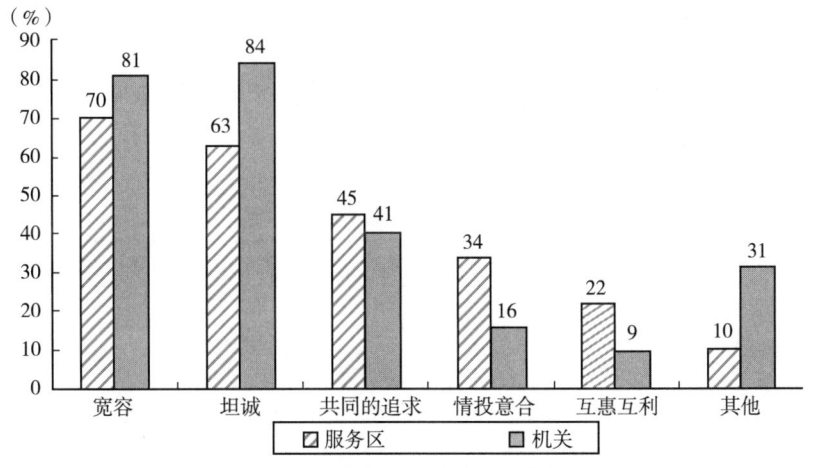

图 9-35　与同事相处和谐的关键数据柱状图

8. 在公司工作最需要

通过调查发现，在公司工作最需要：团队精神、人性化管理和提高待遇。具体数据如表9-36和图9-36所示。

表9-36　　　　　　　　　在公司工作最需要的数据统计表

项目	服务区（人）	服务区（%）	机关（人）	机关（%）
团队精神	67	63	20	63
人性化管理	63	59	19	59
创新	55	52	14	44
提高待遇	51	48	18	56
科学管理	43	41	17	53

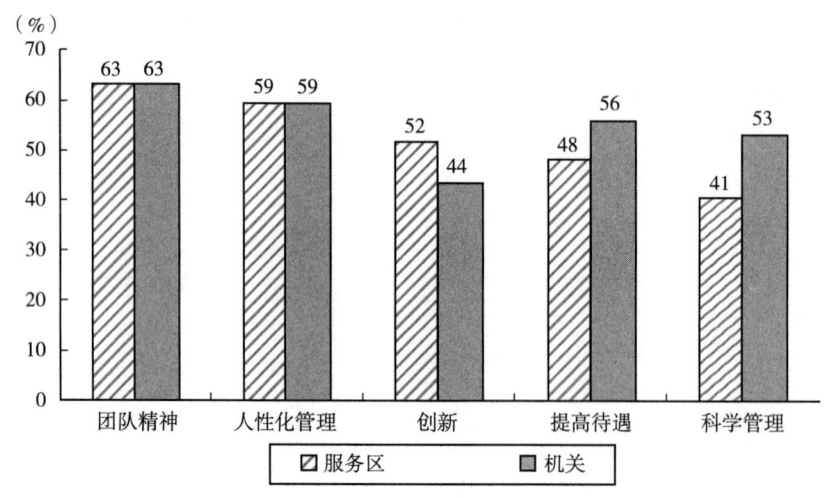

图9-36　在公司工作最需要的数据柱状图

9. 待遇高的员工的优势

通过调查发现，员工普遍认为：业务能力、组织协调能力是待遇比自己高的员工的优势。具体数据如表9-37和图9-37所示。

表9-37　　　　　　　　　待遇高的员工的优势数据统计表

项目	服务区（人）	服务区（%）	机关（人）	机关（%）
业务能力	77	73	16	50
组织协调能力	58	55	16	50
人际关系	40	38	0	0
道德品质	30	28	3	9
其他	19	18	11	34

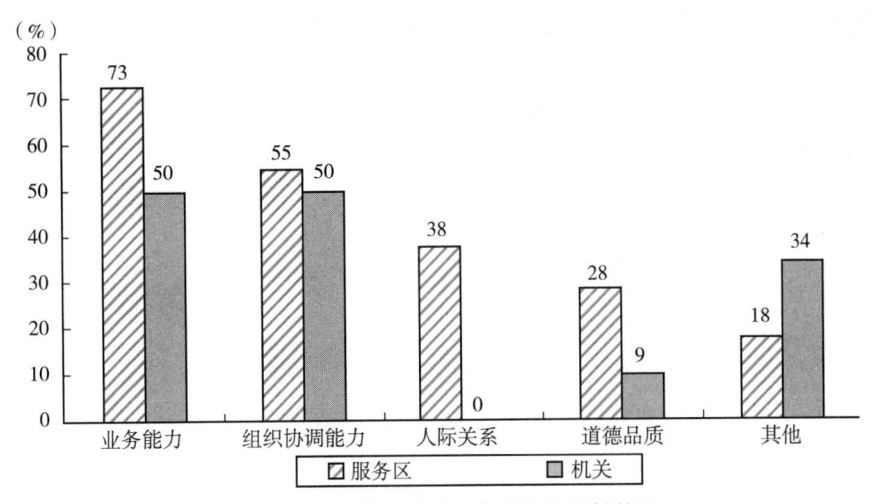

图 9-37　待遇高的员工的优势数据柱状图

10. 工作的最大期望

通过调查发现，机关和服务区的员工在公司工作的最大期望有所不同。机关员工认为有更高的薪水和能够得到大家认可最重要，服务区员工则认为能够使顾客满意和有发展的前途最重要，这与工作性质相关。具体数据如表 9-38 和图 9-38 所示。

表 9-38　　　　　　　　　　工作的最大期望数据统计表

项目	服务区（人）	服务区（%）	机关（人）	机关（%）
能够使顾客满意	72	68	15	47
有发展的前途	60	57	19	59
能够得到大家的认可	57	54	21	66
有更高的薪水	54	51	23	72

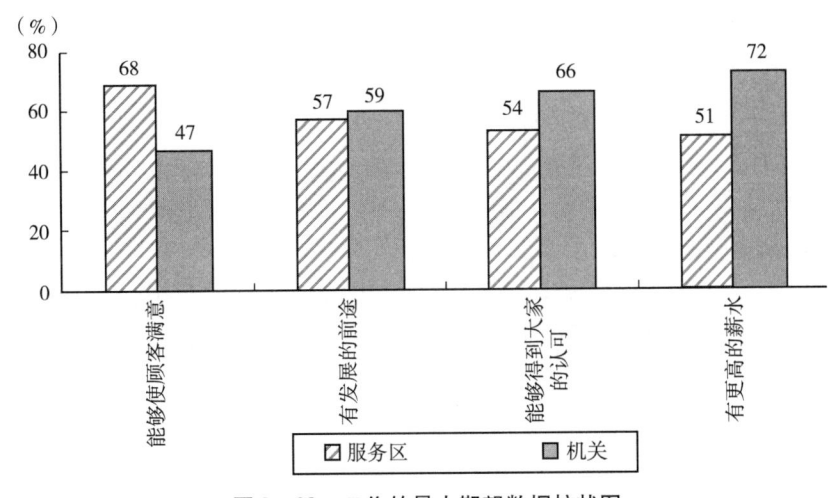

图 9-38　工作的最大期望数据柱状图

11. 影响公司文化形成的主要因素

通过调查发现，影响公司企业文化形成的主要因素有：总公司的发展历史、服务行业文化、领导思想与风格、市场经济的发展、地域文化、中国传统文化、政治思想教育。具体数据如表9-39和图9-39所示。

表9-39　　　　　　　　影响公司文化形成的主要因素数据统计表

项目	服务区（人）	服务区（％）	机关（人）	机关（％）
总公司的发展历史	25	24	20	63
服务行业文化	60	57	19	59
领导思想与风格	64	60	16	50
市场经济的发展	46	43	14	44
地域文化	23	22	13	41
中国传统文化	28	26	10	31
政治思想教育	35	33	5	16

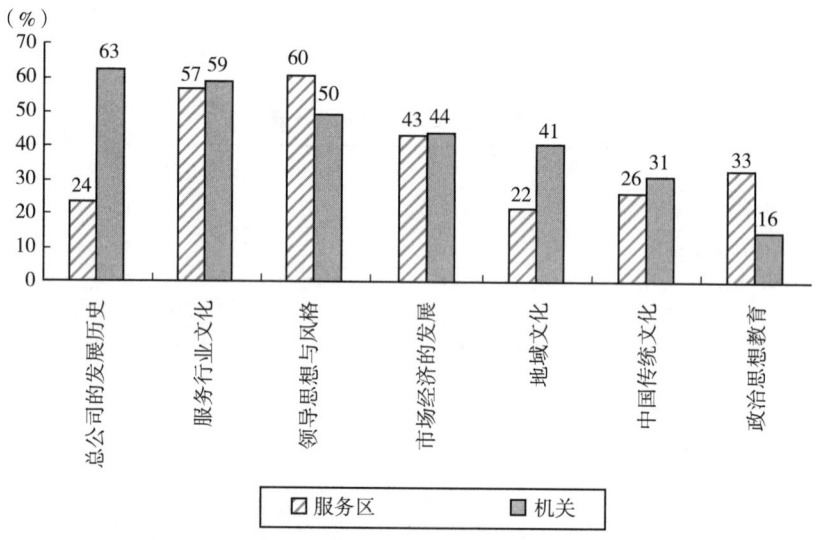

图9-39 影响公司文化形成的主要因素数据柱状图

12. 中国传统文化对公司企业文化的影响

通过调查发现，中国传统文化对公司企业文化的影响着重体现在：以诚待人，相互尊重；仁爱互助，同心同德；讲究诚信，取信于人等方面。具体数据如表9-40和图9-40所示。

表 9-40　　　　中国传统文化对公司企业文化影响的数据统计表

项目	服务区（人）	服务区（%）	机关（人）	机关（%）
以诚待人，相互尊重	64	60	21	66
仁爱互助，同心同德	57	54	16	50
讲究诚信，取信于人	51	48	16	50
忠心为国，自强不息	38	36	7	22
知足常乐，随遇而安	28	26	5	16
唯上盲目服从	22	21	9	28
做事稳健	20	19	11	34
唯书因循守旧	16	15	3	9
唯官等级森严	9	8	7	22
其他	10	9	2	6

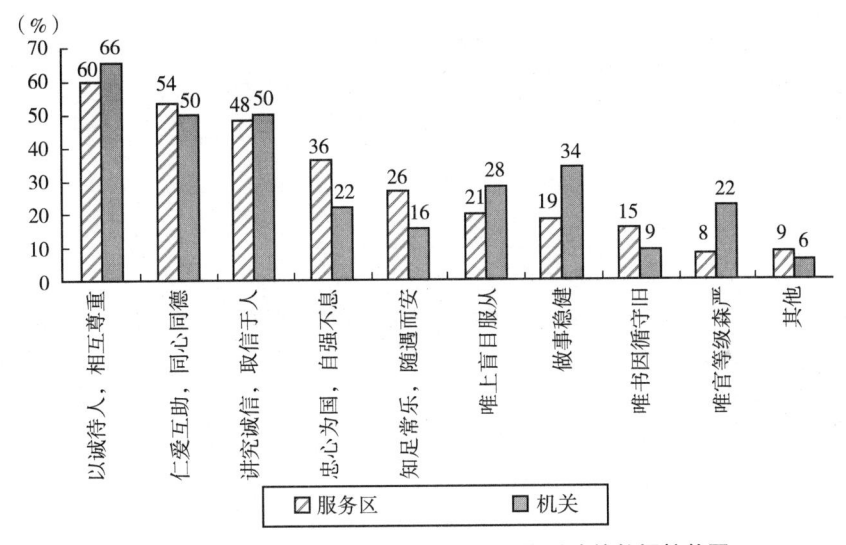

图 9-40　　中国传统文化对公司企业文化影响的数据柱状图

13. 公司应该继承中国历史文化的哪些内容

通过调查发现，中国历史文化需要继承的方面有：以人为本、与时俱进、创新求变、自强不息、甘于奉献等。具体数据如表 9-41 和图 9-41 所示。

表 9-41　　　公司应该继承中国历史文化哪些内容的数据统计表

项目	服务区（人）	服务区（%）	机关（人）	机关（%）
以人为本	85	80	28	88
与时俱进	53	50	21	66
创新求变	47	44	16	50

续表

项目	服务区（人）	服务区（%）	机关（人）	机关（%）
自强不息	36	34	10	31
甘于奉献	29	27	9	28
厚德载物	22	21	8	25
经世致用	9	8	7	22
其他	5	5	3	9

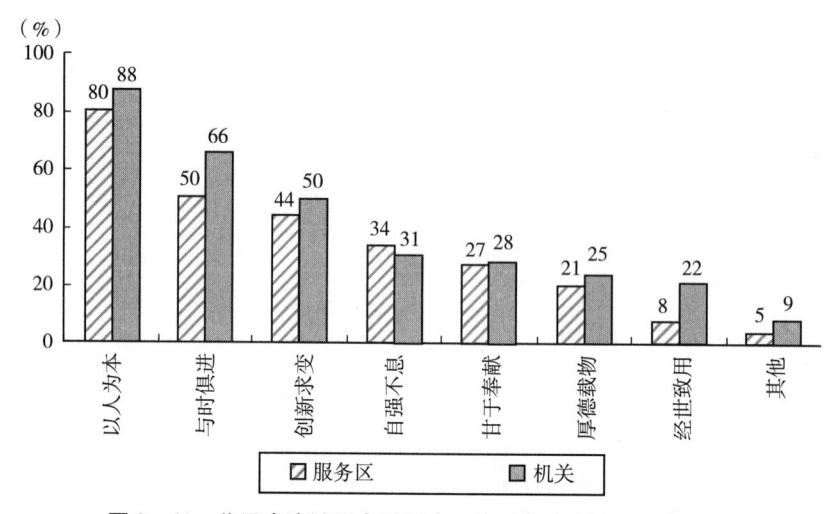

图 9-41 公司应该继承中国历史文化哪些内容的数据柱状图

14. 公司发展的长远目标

通过调查发现，对于公司发展的长远目标，机关和服务区有不同的选择。机关偏向于：企业可持续发展和人的全面发展，社会效益和企业效益最大化；服务区则偏向于：实施文化管理，社会效益和企业效益最大化。具体数据如表 9-42 和图 9-42 所示。

表 9-42　　　　　　　　公司发展长远目标的数据统计表

项目	服务区（人）	服务区（%）	机关（人）	机关（%）
实施文化管理	56	53	9	28
社会效益和企业效益最大化	51	48	16	50
企业可持续发展和人的全面发展	43	41	21	66
引领服务行业	37	35	15	47
知名品牌	28	26	15	47
百年企业	28	26	6	19
国际一流企业	25	24	6	19
其他	13	12	3	9

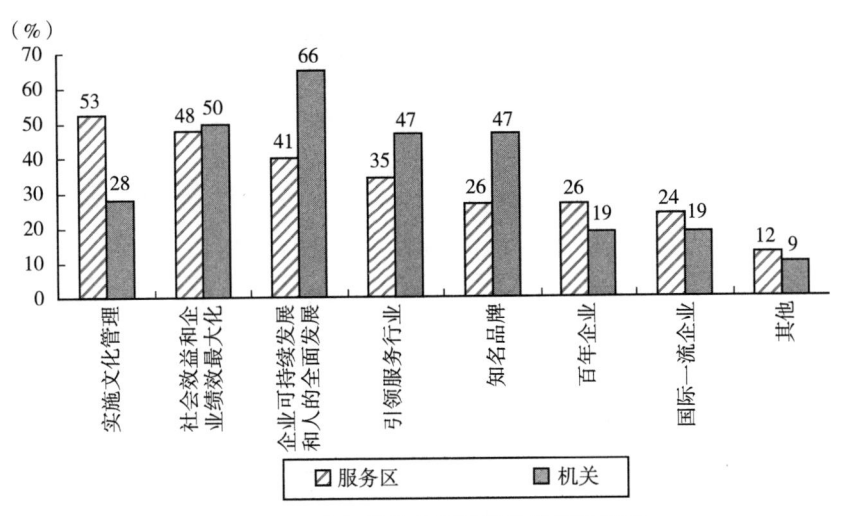

图 9-42　公司发展长远目标的数据柱状图

15. 公司在未来 5~10 年将发展成为什么样的企业

通过调查发现，对公司未来 5~10 年将发展成为什么样的企业，机关和服务区员工均认为要做行业的引领者，要做主业优强、多元发展的大型集团。具体数据如表 9-43 和图 9-43 所示。

表 9-43　公司在未来 5~10 年将发展成为什么样的企业数据统计表

项目	服务区（人）	服务区（%）	机关（人）	机关（%）
行业的引领者	59	56	13	41
主业优强、多元发展的大型集团	56	53	16	50
国内一流	28	26	11	34
行业专家	17	16	13	41
其他	24	23	6	19

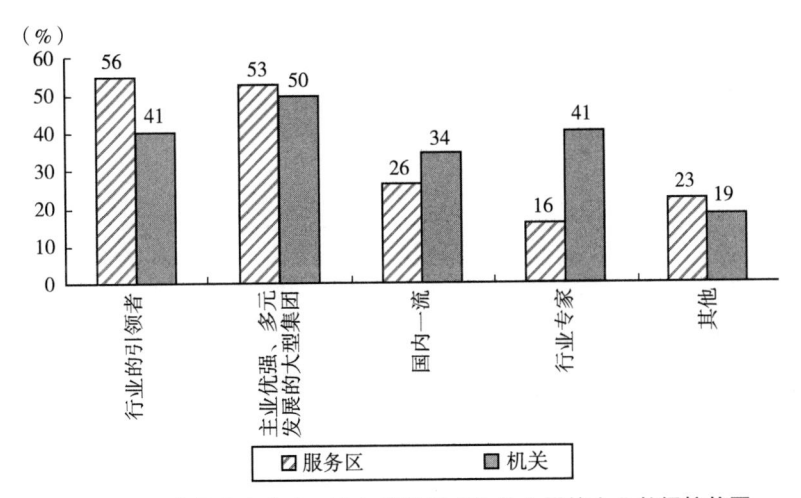

图 9-43　公司在未来 5~10 年将发展成为什么样的企业数据柱状图

16. 对公司未来3~5年的发展，员工最关注的方面

通过调查发现，员工对公司未来3~5年发展最关注的方面主要包括人才的评定、培养和选拔，公司的管理，以及公司发展方向。此外，机关人员对个人收入特别关心。具体数据如表9-44和图9-44所示。

表9-44　对公司未来3~5年的发展，员工最关注方面的数据统计表

项目	服务区（人）	服务区（%）	机关（人）	机关（%）
人才的评定、培养和选拔	68	64	16	50
公司的管理	50	47	16	50
公司发展方向	39	37	15	47
公司的形象	38	36	13	41
公司的改革方略和相关政策	37	35	12	38
公司的经营规模进一步扩大	33	31	12	38
个人收入	22	21	19	59
其他	5	5	6	19

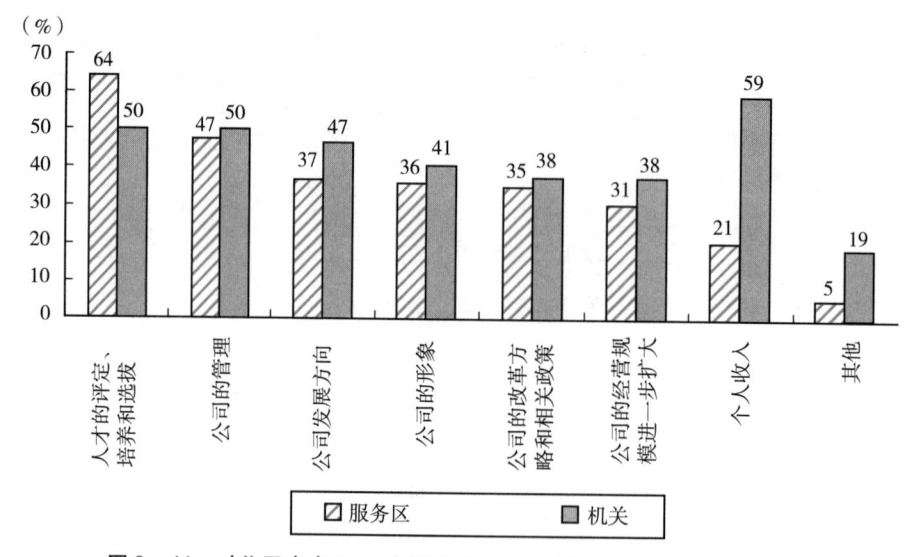

图9-44　对公司未来3~5年的发展，员工最关注方面的数据柱状图

17. 公司在哪些方面急需提高与改善

通过调查发现，公司急需提高与改善管理模式与管理水平、增强凝聚力、培养创新精神等。具体数据如表9-45和图9-45所示。

表 9-45　　　　　　　　公司在哪些方面急需提高与改善的数据统计表

项目	服务区（人）	服务区（%）	机关（人）	机关（%）
管理模式与管理水平	61	58	23	72
人才建设	60	57	15	47
创新精神	54	51	11	34
凝聚力	46	43	19	59
形象塑造与品牌建设	35	33	7	22
执行力和战斗力	29	27	16	50
观念转变	16	15	10	31

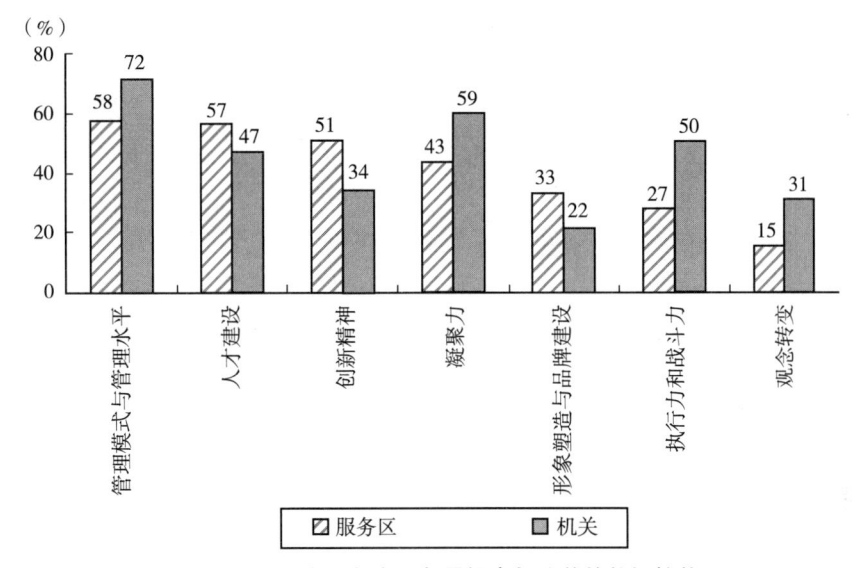

图 9-45　公司在哪些方面急需提高与改善的数据柱状图

18. 公司的优势

通过调查发现，机关和服务区员工都认为公司的主要优势是领导远见卓识、决策能力强，员工向心力强、士气高和创新意识强。具体数据如表 9-46 和图 9-46 所示。

表 9-46　　　　　　　　　公司优势的数据统计表

项目	服务区（人）	服务区（%）	机关（人）	机关（%）
员工向心力强、士气高	50	47	12	38
领导远见卓识、决策能力强	48	45	21	66
拥有优秀的人才	43	41	7	22
具有良好的企业文化建设基础	33	31	9	28

续表

项目	服务区（人）	服务区（%）	机关（人）	机关（%）
规模大	27	25	9	28
经济实力强	26	25	4	13
创新意识强	19	18	13	41

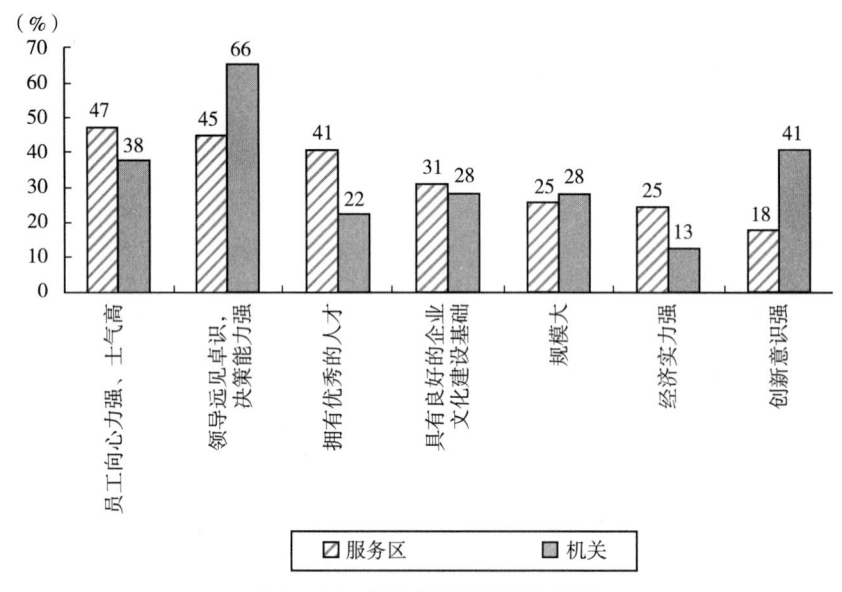

图 9-46　公司优势的数据柱状图

19. 制约公司发展的主要因素

通过调查发现，制约公司发展的主要因素主要是员工素质有待提高、思想观念转变比较慢、管理效率比较低。具体数据如表 9-47 和图 9-47 所示。

表 9-47　　　　　　制约公司发展的主要因素数据统计表

项目	服务区（人）	服务区（%）	机关（人）	机关（%）
员工素质有待提高	51	48	17	53
思想观念转变比较慢	40	38	19	59
管理效率比较低	38	36	19	59
制度不健全	37	35	11	34
管理粗放，且不规范	32	30	14	44
缺乏系统、先进的企业文化	32	30	8	25
培训与学历能力不足	27	25	9	28

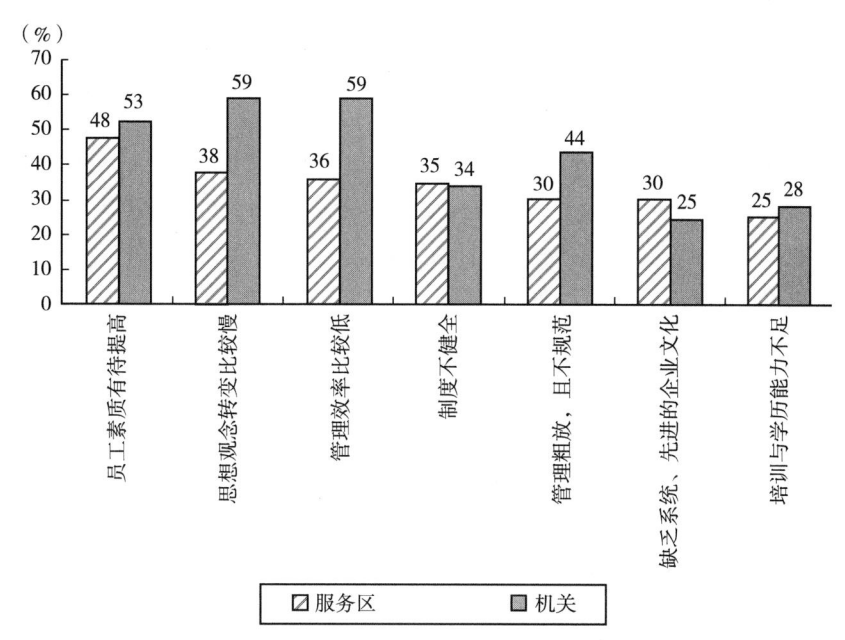

图 9-47 制约公司发展的主要因素数据柱状图

（二）问卷分析小结

1. 公司经营理念

公司应具备的核心理念：人本管理、服务至上、创新精神、质量意识。

公司应奉行的管理思想：以人为本、服务优质、管理科学高效。

2. 企业文化建设

公司企业文化应突出的重点：人性化管理、团队精神、创新。

影响公司企业文化形成的主要因素有：服务行业文化、领导思想与风格、市场经济。

3. 员工思想、观念

与同事和谐相处的原则：宽容、坦诚、共同的追求。

员工个人需求：团队精神、人性化管理、有更高的薪水、够得到大家的认可、有发展的前途。

员工之间竞争观念：业务能力、组织协调能力是待遇比自己高的员工的竞争优势。

员工素质提升的要求：团队精神、工作效率、学习能力、思想观念的转变、创新等方面。

增强员工士气的因素：合理薪酬、合理的人才评定体系、加强沟通、加强培训、激励机制。

4. 公司发展

员工最大的期望：公司发展的长远目标是作行业的引领者。

员工最大的关心：人才、管理、公司发展和个人收入（机关更关心）。

制约公司发展的主要因素：思想观念比较落后、员工素质不高、管理效率偏低。

5. 公司的优势

员工普遍认为公司的优势是：领导有卓识的远见，较强的决策能力，员工向心力强；机关员工认为是创新意识强。

6. 信息传递的渠道

公司内部信息传递的渠道不同，机关排序为文件通告、会议传达、同事传达、宣传栏；服务区排序为同事传达、会议传达、文件通告、宣传栏。

四、访谈分析

根据21名访谈对象的访谈记录整理，因访谈对象绝大多数是机关人员，所以将所有访谈资料一起分析。

（一）企业文化访谈内容整理分析

1. 服务理念的设计

通过访谈发现，公司服务理念的设计主要突出"诚信、平安、绿色"。具体访谈内容汇总如下：（1）诚信：诚信于顾客，诚信于员工；（2）安全：安全生产是一切生产的关键，否则生产越多，产生的负面效应越大；（3）绿色：所有销售的商品不能搞假冒伪劣，要环保，卫生要干净。

2. 公司宗旨的设计

通过访谈发现，公司服务理念的设计要贯彻人性化服务的宗旨，服务不仅是基层来提供服务，也要强化机关对基层的服务。具体访谈内容汇总如下：（1）服务区的宗旨就是服务；（2）抓服务，抓运行，应该成为企业管理的重点；（3）让过路人吃得放心，住得舒心，让每一个用路人都很满意；（4）为广大的用路人服务，贯彻人性化服务的理念；（5）机关各科室是为一线服务的，在服务程序上仍需要改进；（6）公司要在服务上多下功夫，不仅仅要加强基层提供的服务，也要强化机关对一线机构的服务；（7）机关在审批的程序上存在漏洞，需强调细节化、人性化；（8）让顾客高兴而来，满意而归；（9）温馨服务，亲情服务。

3. 精神口号的设计

通过访谈发现，公司员工比较关注"团结奉献、拼搏进取、学习创新、与时俱进、以人为本"等精神。具体访谈内容汇总如下：（1）仁爱互助、同心同德、勇于进取、与时俱进；（2）以人为本、服务大众；（3）艰苦创业、不断进取、自强不息；（4）团结合作、合理竞争、共同创新；（5）勤于学习、善于创新、甘于奉献；（6）事繁勿慌、事闲勿荒、取象于人、方圆有矩；（7）锐意进取、共创辉煌；（8）精益求精、创新求变；（9）优质服务、以优质的服务创一流企业；（10）顾客的满意；（11）顾客的满意和微笑就是公司的目标；（12）以真心、细心、耐心的服务赢得顾客的温馨；（13）勇往直前、爱区如家；（14）团结友爱、敬业进取、卓越有效、协作服务；（15）您的微笑是我们最好的回报；（16）您需要我为您服务，我需要您满意而归；（17）顾客的满意就是我们的效益；（18）奉献内高路、铸造山咀魂；（19）精神口号：开拓创新、与时俱进、创一流服务行业；（20）精神口号：创一流服务行业，做一流服务标兵；（21）精诚团结；（22）团结协作；（23）团结向上；（24）同事之间要真诚；（25）和谐相处；（26）加强各部门之间的合作，既有分工又有合作，增强企业的凝聚力、团结力，这是工作的理想状态。

4. 竞争理念的设计

通过访谈发现，公司目前缺乏竞争意识，员工应树立危机意识。具体访谈内容汇总如下：（1）国企一般缺乏危机感、竞争力不强，员工流动性不强；（2）竞争存在于路上路下竞争，省与省竞争，服务区内竞争；（3）与其他服务区之间不存在竞争，主要是与自己竞争；（4）服务区内没有竞争，有竞争也是以服务质量为竞争；（5）公司内竞争目前还没有，但是与全国的形势相比较的话，这方面潜在的意识还是要有的；（6）要树立危机意识。

5. 社会形象的设计

通过访谈发现，公司应树立良好的社会形象。具体访谈内容汇总如下：（1）服务区的宗旨还是服务，要引导经营单位既要考虑良好的社会效益，也要考虑取得经济效益；（2）国有独资企业应体现企业责任，打造良好社会形象；（3）下大雪等极端天气下，公司的员工把床单、被褥、床位让出来给用路人，公司还有爱心基金，由企业员工集资，每年拨款给武汉残疾人学校，内蒙古自治区的1000多名员工，家庭有困难的也可以得到救助；（4）服务区的形象关系到整个内蒙古高速的形象，能够起到以点带面的作用。

6. 人才理念的设计

通过访谈发现，公司需要关心员工，为员工提供发展的舞台，尤其要多关心基层员工，要重视人才。具体访谈内容汇总如下：（1）要重视人才；（2）人尽其才；（3）体现在对员工的关心上，如每位员工的生日，公司都会送上生日蛋糕；同时，还体现在扶残助困上；（4）让员工快乐地工作；（5）机关应该多关心一下基层的员工；（6）员工要有发展的前景，对个人来说，前途是最重要的；（7）要使顾客满意，首先要使员工满意。

7. 创新理念的设计

通过访谈发现，公司应该加强创新意识，突出重点创新观点，具体访谈内容汇总如下：（1）学习创新，与时俱进；（2）工作要提倡创新；（3）公司发展缓慢主要是制度陈旧，缺乏创新，缺乏创新型人才，人才是企业发展的重要支柱；（4）员工缺乏创新理念，观念保守、陈旧，突破性不强；（5）创新抓不住重点，创新概念比较模糊。

8. 学习理念的设计

通过访谈发现，公司员工学习动机强，更加需要培训，并且培训内容要有针对性。

具体访谈内容汇总如下：

对于机关员工：（1）培训能够促进企业的凝聚力（如针对机关的素质拓展、对各个服务区的观摩活动）；（2）员工的素质还需靠培训提高；（3）一年有3~4次，包括素质拓展，校企合作的企业管理培训等。建议多加强培训，提高员工的综合素质；（4）每年有1~2次的学习，当时效果不错，但过后就容易遗忘。建议公司的学习培训应该更多一点；（5）培训缺乏针对性。

对于服务区员工：（1）服务区就像一个窗口，代表着整个内蒙古地区的高速公司服务区的形象。因此，必须要对承包商进行培训，强调不能只顾蝇头小利，要让他们拓宽思路，有长远发展的战略眼光；（2）基层单位的培训意识不够；（3）对于一线服务人员要进行有偿培训，包括服务礼仪等方面；（4）培训学习不要流于形式，要扎扎实实地培训；（5）员工们参加过礼仪、服务知识的培训，但没有参加过企业文化方面的培训，培训能起到一定的作用，希望以后多组织；（6）是否能组织基层员工学习企业文化，总想着把企业文化灌输到企业员工的思想中，但是方法总是找不对。

9. 质量理念的设计

通过访谈发现，公司应树立质量意识。具体访谈内容汇总如下：（1）应树立质量意识；（2）如果存在竞争，也是服务质量的竞争。

10. 员工行为规范的设计

通过访谈发现，公司员工素质还有待提高，应该严于律己、踏实工作、不断学习、有责任心、加强沟通、工作奉献、讲正气。具体访谈内容汇总如下：（1）机关员工素质还有待提高；（2）基层员工素质较低；（3）每个人都应该踏踏实实地工作；（4）干好本职工作；（5）按照要求，按照纪律把工作做好；（6）不断学习；（7）公心多一些，私心少一些，用宽己之心待人，用律人之心待己；（8）甘愿奉献；（9）每个人都应该具有责任感，做好分内的事，关心周围的人；（10）正派、正气、诚信；（11）解放思想、与时俱进；（12）机关员工沟通少，应加强交流；（13）建议机关部门、员工之间应多沟通，加强理解，更加配合地做好各项工作；（14）机关科室之间应加强交流、沟通，多参加集体活动。

11. 工作作风的设计

通过访谈发现，公司提出的"八风八讲"是企业精神建设的重要方向，指导企业行为，应更精练，要加强灌输，加强贯彻落实。具体访谈内容汇总如下：（1）"八风八讲"是企业精神建设的重要方向；（2）针对所有部门和员工，形成一种行为规范；（3）应该更加精练一点；（4）多采取文字、培训、讲座、例会等形式贯彻；（5）贯彻到实际工作当中，这是一个复杂和漫长的过程，可以作为工作上的目标；（6）这是一种思想意识方面的建设，是用来激励员工促进工作的，是潜移默化影响员工工作的，需要一个过程才能体现出来；（7）落实"八风八讲"是企业制度不断完善、个人素质（包括业务素质、综合素质）不断提高、自我约束的一个过程；（8）逐渐在渗透，与每个人的理解能力有关。

12. 理想的企业文化

通过访谈发现，公司员工期望大家庭式的文化氛围。具体访谈内容汇总如下：（1）比较有人情味的、大家庭式的文化氛围，每个人都按规定办事，有一种向心力、凝聚力，员工关系融洽、工作激情高昂；（2）建立企业文化，要从行业的优越性中进行提炼，尽量能够体现大家庭的一种感觉。

13. 企业节日：增设独特节日

通过访谈发现，员工认为应该制定符合公司节日内容、形式、题材的一些类似于交流日、沟通日等的企业文化日。

（二）企业文化认知问题分析

1. 机关员工对公司现有企业文化的认知

机关员工对于公司企业文化有所了解，但是对公司的战略目标不太清楚。服务区的管理层对于公司的企业精神理念大概知道，但员工并不清楚。主要原因是公司重视程度不够，缺乏传播贯彻执行力。

（1）价值观、思想意识可能对年龄大的同志起不到作用。

（2）有限的物质激励，对于企业文化建设也有一定程度的影响。由于激励机制问题，干多干少的薪酬激励差距不大。要想真正做好一个企业，文化建设是必不可少的，但必须要有物质激励，这样才能调动起员工的积极性，才能提升管理效果。

2. 服务区员工对公司现有企业文化的认知

服务区员工普遍认为公司企业文化对于员工起到一定积极的影响，但是，公司现有的企业文化并不明确，比较模糊、不明朗；发展愿景没有清晰的思路；工作作风和企业精神只停留于形式层面，对员工的鼓舞性不强，缺乏主动性、系统性。

（1）服务区员工的流动性太大。服务区员工被培训完，就跳槽离开，这种情况对公司影响较大。

（2）服务区员工素质参差不齐。员工的来源和素质限制了企业文化的灌输和实施，产生了不认可或不理解公司的一些理念、精神、价值观的现象。

（3）经销商素质参差不齐。有些经销商文化素养高，认识比较超前，在管理中有想法，在员工激励、凝聚人心上做了很多工作，使员工渴望企业管理、企业文化方面的知识。但有些经销商缺乏文化管理意识，他们没有认识到企业文化的重要性，也不重视企业文化的工作。

（4）G服务公司与经销商对企业文化的理解不统一。G服务公司寻求通过企业文化提高其经销商和员工的文化感知，改善服务质量，打造良好的社会形象。而经销商更多考虑的是经济利益，更注视利润最大化。在经营过程中会有一些短视行为。对企业文化认识的不同步，导致企业文化不能很好地得到贯彻。

（5）尚未形成企业文化建设氛围。服务区营业场所缺乏统一的口号、标语，员工对企业文化认知理解度不高。

(三) 制定本公司企业文化手册的建议

1. 具有针对性

公司人员结构非常复杂，管理难度相当大；公司的经营单位承包商来自全国不同地方，他们的思维习惯、经营水平参差不齐；监管员从各盟市抽调过来，这样的队伍该如何凝聚？仅靠处罚是不行的，要用文化教育。所以公司企业文化应该有较强的针对性。要把公司情况了解透彻，把这个行业了解清楚，还要根据当地的区域文化和行业特征，制定出来符合企业特点的制度文化和口号。

2. 具有特色性

在借鉴其他行业文化的同时，要注意本行业的特征，企业文化要适合本企业的发展，使企业文化从群众中来到群众中去。

3. 具有前瞻性

要参考一些国际上的和国内发达地区的经验。把一些国际国内前瞻性的理念，好的例子、好的话放在学习格言里让员工去学习，塑造能够传承、经得住时间沉淀的企业文化。

4. 具有实用性

企业文化手册的制定要能够结合服务区实际情况，实实在在地能在工作中使用；能够代表员工意愿，反映员工呼声、期望，从而激发员工的工作动力。

5. 具有简洁性

企业文化手册的提炼需要简单、精练，加强导入环节。通过管理人员和员工的重视，加深员工对企业文化的认知和了解，使企业文化扎根下来并传承下去。

第三节　公司目前存在的问题

通过服务区三年来的实际运营，G服务公司的服务质量、服务水平有所提高，但与山西、河北等周边省份以及其他发达省份高速公路服务区相比，仍有一定差距。目前，我区道路服务区主要存在以下问题。

一、占地面积小

我区现有服务区占地面积为60~80亩（外省为100~200亩），只能停放大车40~60辆（两侧），停车区占地面积为15~25亩（外省为60~100亩），同时服务区内功能使用面积也较小，车辆停放容纳量低，近年来，随着经济社会的快速发展以及车流量自然增长率的不断提高，在车流量高峰期，服务区已出现了车辆排队至高速主线的问题，严重影响了车辆及人员的安全，对服务区服务工作和内蒙古高速公路整体形象也造成了一定的影响。

二、服务设施功能不健全

餐厅、超市等经营场所面积偏小,每个服务区单侧餐厅最多只能接纳 60 人同时就餐;公厕使用面积较小,每个服务区单侧公厕只能同时满足 20~30 人使用;汽修厂无正规汽修车间,现用车库代替,维修作业和社会形象均受制约,服务区现有设施与发达省区服务区现代化、科学化、人性化的服务设施存在较大差距,也已经不能满足我区高速公路快速发展的需求。

三、公共设施问题多

服务区设施经过多年使用,公共设施出现了较多的问题,部分服务区污水处理系统不能正常使用,污水外排对环境造成了一定的影响,也引发了服务区与周边农村的矛盾;一部分服务区锅炉及供暖管线老化,供暖系统存在缺陷,无法保证服务区正常供暖;一些服务区经过多年运营,建筑物已出现沉降,停车广场因超载、超限车辆的不断碾压,广场硬化面破损严重,需要及时进行修复与处理。

四、缺少安全设施

大部分服务区都缺少广场高杆照明设施,车辆夜间进出服务区安全性差;个别服务区两侧之间无通道,人员往来安全、物资调运、经营管理存在诸多问题。

五、服务质量水平与社会需求还有差距

一些服务区的经营管理机制不健全,经营管理组与服务组水平不统一,服务人员的服务意识、服务水平和服务形象也要提高。进一步完善服务区域整体联动服务机制,挖掘服务潜力,追求人性化细节服务,开发区域特色服务项目。

六、缺少公司的统一品牌

与我国先进地区的高速公路服务区公司相比,G 服务公司没有统一的品牌,不利于无形资产的积累和公司整体市场形象的构建。

七、资源优势发挥不够

高速公路的封锁运营,内蒙古特色的蒙元文化,区域特色的经济和资源等这些优

势，还没有有效地转变为以服务地区为中心的经济和服务优势。

第四节 未来发展面临的机遇与挑战

一、机遇

（一）高速公路快速发展为服务行业带来机遇

近年来，全国高速公路建设、运营里程迅猛增加，作为国家交通的大动脉，国家高速公路网络已逐步形成，我区实现了省连省、市连市，作为国家交通的主干道，国家公路网络逐渐形成。

（二）内蒙古自治区经济社会飞速发展为 G 服务公司带来机遇

内蒙古自治区近几年的发展发生了翻天覆地的变化，在全国创造了诸多的第一，其中包括：连续多年经济增长速度位居全国各省区第一；可持续发展竞争力全国第一；财政两项重要经济指标全国第一；工业经济增速居全国第一；羊肉和牛奶产量全国第一；内蒙古煤炭和贵金属储量跃居中国首位。内蒙古经济社会的快速发展对高速公路运输业、物流业都产生了极其重大的影响，同时也将为服务区带来了新的发展机遇。

（三）区域特色经济带来的发展

为服务区发展物流业、仓储业带来机遇。自治区粮油、土豆、水果农产品和乳制品、肉制品等特色产业的发展，特别是"乳都""薯都""煤炭"等产业集群的形成，有效利用交通便利、地缘资源等优势，不断发展仓储、物流业和农产品集散地业务，为服务区提供了一个重要的机遇。

（四）各盟市地区经济发展为服务区发展广告服务业带来机遇

随着各盟市地区经济的快速发展，越来越需要利用独特的高速公路环境发展广告业务，在服务区内可为当地农产品、工业产品、旅游业、餐饮业做广告牌、发放宣传单、进行产品展销、举办会展等广告促销服务。

（五）旅游业快速发展为服务区发展特色餐饮和民族文化用品销售带来机遇

近年来，随着自治区民族文化大区建设工作的深入开展，世界草原大会、昭君文化节、草原那达慕大会、鄂尔多斯文化节等大型活动相继举办，自治区旅游业蓬勃发展，在草原旅游季节旺季，很多区内外游客将通过高速公路进入内蒙古，服务区如能在突出体现高速公路快捷与方便服务的基础上，深入挖掘当地民族风味小吃或者特色佳肴，发展民族风情特色餐饮服务，在超市开设蒙元文化民族用品销售专柜，充分满足顾客日益个性化的需求，以及积极开展旅游宣传和团餐服务等项目，高速公路服务区必将成为内蒙古旅游业中一道亮丽的风景线。

二、挑战

（一）市场需求变化将对现有服务经营理念和服务方式提出新挑战

一是高速铁路和运煤公路专线的建设和投入，一方面将降低高速公路的货车流量和顾客流量；另一方面将导致自驾车旅游顾客随之增加。因此，顾客结构和需求发生改变，服务区的服务对象由过去以货车为主转变为以小车、客车为主，需求层次提高、需求差异性增加。二是随着人们日益提高的生活水平，顾客的服务需求层次也越来越高，特别是个性化的服务需求增幅明显。三是旅游热导致服务的季节性更加明显，旅游季节与冬季之间的客流量差距将进一步拉大。综合以上三点，未来五年服务区的顾客需求结构和需求特点将发生重大改变，缺乏竞争能力或服务设施差、服务水平低的服务区经营将面临严重挑战，"如何提高服务能力的柔性和接待能力的淡旺季平衡"将成为服务区面临的难题。

（二）充分的市场竞争对服务区经营管理水平提出挑战

服务区行业主要面临着四大市场竞争，一是高速公路与国道之间车源的竞争；二是我区服务区与相邻省区服务区之间的竞争；三是我区各服务区之间的竞争；四是高速公路与邻近市区服务区之间的竞争。特别是临近市区的服务业发展日新月异，不断推陈出新，而服务区服务却变化小、变化慢，"顾客不想来、来了留不住"也是目前服务区经营中存在的主要问题之一，因此，服务区必须要加快经营理念的转变和服务质量的提升，做好积极准备，应对充分市场竞争对服务区经营管理水平提出的挑战。

（三）经营管理体制面临进一步深化改革的挑战

未来五年，G服务公司经营管理将面临部分服务区承包合同到期、服务区设施设备逐年老化、服务区内车流人流压力明显加大等问题，特别是高速公路车流量年自然增长率和我区旅游车辆年增长率，将对服务区经营管理产生重大的影响，部分服务区服务能力将达到瓶颈，服务区发展也将受到严重制约。因此，如何更好地深化经营管理体制改革，突破服务区发展瓶颈，促进服务区整体经营管理水平上一个台阶，是服务区分公司面临的重要挑战。

第五节 规划指导思想与方针

一、规划指导思想

深入贯彻落实党的十九大精神，以"不忘初心，牢记使命"为统领，以"三个服务"理念为指引，紧紧围绕服务于内蒙古地区社会经济发展和内蒙古交通事业的大前提，全面落实G服务公司下达的工作任务，以"三无事件"为基本要求，以实践为本，面向未来，解放思想，开拓创新，学习借鉴国内外同行业先进管理经验，逐步改善服务设施，努力提升经营管理水平与服务质量，树立G服务公司优质服务窗口品牌，推动服务区持续、健康、快速成长。

二、规划方针

（一）服务要实现"立足高速公路，跳出高速公路"

立足高速公路：即以路为本，高速公路是事业发展的主战场、根据地，立足于服务区建设，立足于培育和发挥高速公路的资源优势，提升服务水平和扩展服务业务。

走出高速公路：依托高速公路沿线区域经济特点，不断扩大服务对象，拓展服务项目，最大限度地实现为政府、企业和城镇等地方经济建设和群众的生活生产服务，以点向外辐射，扩大社会影响力，增加地方经济效益。

（二）经营管理实现"三个转变"

一是战略转变，逐步实现服务区的运营战略从低成本战略向差异化战略转型。

二是经营管理模式转变，逐步实现服务区经营管理模式由传统的家族管理向现代企业管理转变。

三是品牌形象转变，进一步加速品牌重塑从分散建设向统一标准化服务区建设的转变。

（三）企业管理要实现"三个同步"

一同步：努力实现管理水平提高与行业发展同步。
二同步：努力实现安全生产与经济效益增加同步。
三同步：努力实现团队建设与企业成长同步。

三、五年发展目标

（一）企业经营目标

1. 经营管理目标

服务区的经营管理与服务水平达到全国中上等水平，形成一整套完善的服务区科学管理模式及考核标准，经营收入持续增加，打造全国一流的卫生服务区。

2. 经营项目开发目标

在获得服务区承包收入稳定收益的基础上，不断开发新的经营模式，开拓新的经营渠道，深入挖掘服务区经营潜力，在服务区内积极探讨广告信息服务产业、仓储物流产业、地区特色产品定点销售等项目的开发，同时积极探索大型超市连锁经营、大型中/西式快餐连锁经营、大型汽修企业入驻连锁经营等服务区规模化经营模式。逐步实现传统服务企业向现代化服务企业的转变，全面提升服务区的生产经营附加值。

3. 经营品牌目标

打造服务区统一价格、品牌、标识和形象，奠定连锁经营基础，提升社会知名度、美誉度和服务质量，实现社会效益和经济效益双增长。

（二）企业成长目标

1. 资产规模成长目标

在确保国有资产保值增值的基础上，强化品牌建设，促进无形资产的递增。

2. 管理成长目标

实现管理科学化，达到管理运行机制完善，制度规范。五年内通过 ISO-9000 系列质量管理体系认证。

3. 员工成长目标

员工学历结构得到明显改善，高层管理人员的学历有30%以上是硕士学位；中层管理人员有90%以上是本科学历；基层管理人员80%以上是大专学历；员工50%以上是大专学历；服务区从业人员全部具有岗位资格证书，50%有中级以上专业技能。

四、规划措施

（一）"三化"工程建设

1. "亮化工程"建设

完善服务区各类照明设施，增设高杆照明和建筑物亮化，铺面夜间营业全部开灯，采用白光灯具，增加光照性，在服务区统一设置服务性、公益性广告灯箱，增加服务区亲和力，提高社会知名度。

2. "服务区扩建及硬化工程"建设

按照 G 服务公司统一部署，力争通过 5~10 年，将停车区扩建至 100 亩，服务区扩建至 200 亩，切实提升服务区的服务容纳率和服务能力；同时在现有部分服务区内适当扩大硬化面积，以满足高速公路用路人的功能需求。

3. "企业标志形象工程"建设

实行 CI 导入，完成企业形象设计，做到企业标志形象建设"五统一"，即统一工作规范、服务标准及流程；统一服务区内的服务指示标志，物价、服务公示牌；统一服务区从业人员着装；统一服务区经营场所布局标准；统一使用普通话服务和标准服务用语。

（二）"三大系统"的建立

1. 应急救援保障系统

利用服务区设施设备、物资优势以及间隔短、行动迅速的优势，与服务区驻地医疗、消防、公安、交警、路政、卫生等部门保持密切联系，加强信息沟通，逐步建成应对异常气候、自然灾害、突发性事故的应急救援保障系统。

2. 设施、设备保障系统

建立完善的服务区设施、设备档案，改善设施、设备管理运行机制，制定设施、设备维修年度计划，逐步建立服务区设施设备"管、修、养"一体化的保障系统。

3. 服务区服务质量、物价、税收、卫生监控及卫生保障系统

与工商、物价、卫生、消防等各部门协调配合，建立服务区联合监督保障体系，规范服务区的经营与服务，为高速公路用路人提供消费保障。

（三）"五区"建设

1. "标准服务区"建设

实施服务区标准化建设是服务区发展的重要阶段，通过硬件建设标准化、管理服务标准化的创建，逐步使服务区经营管理进入标准化轨道。建立统一的品牌、统一的形象、统一的服务，完善服务标准，提高服务效率，以准确、快捷、高效的服务满足顾客的需求，将顾客满意度作为衡量标尺，持续改进服务水平和服务技能，将个体形象与服务区整体形象和谐统一，打造内蒙古高速公路服务窗口全新形象。

2. "平安服务区"建设

安全工作是永恒的重点，创建平安服务区就是通过完善生产安全规章制度、强化安全生产过程管理、明确安全生产岗位职责、加强安全生产教育、改善安全设施，以及积极开展警民共建，建立服务区全天候监控系统和高素质的保安队伍等多种措施，打造司乘人员的"服务安全岛"和"避风港"，同时还要做好各类突发事件应急处理的准备工作，常备应急药品、食品与饮用水等物资，全面做好服务区安全保障工作。

3. "绿色服务区"建设

创建绿色服务区就是以"三个服务"为目标为顾客营造绿色、优美、环境舒适的休息环境,一是保证服务区经营销售的商品优质化、品牌化,严禁出售"三无""黄非"以及过期变质产品,积极组织销售绿色食品和绿色读物,坚决杜绝黄、赌、毒在服务区内发生;二是保证服务区环境卫生整洁化,科学种植服务区绿色植物,在服务区内推广环保意识和绿色营销理念等,加强宣传力度;三是保证污水排放,垃圾处理规范化,在搞好服务区自身建设的同时,与周边农村发展需求相适应,形成和谐共赢的良性发展态势。在服务范围内推广环保意识、环保知识和绿色消费理念。

4. "诚信服务区"建设

通过"提升企业经营信誉度、加强质量管理和价格监督、聘请专业人士进行督导、提高投诉处理效力、争创自治区消费者信得过单位"五个方面的工作创建诚信服务区,商品价格全部公开上墙,严格把控商品质量,坚决杜绝假冒伪劣商品进入服务区,同时建立完善的投诉处理体系,使顾客意见做到及时调查、及时处理、及时反馈。建立与卫生、工商、税务、公安、消防、技术监督和旅游局、消费者协会、餐饮业协会等单位和部门的联动监控机制,提高顾客满意度。

5. "特色服务区"建设

充分利用服务区驻地的资源优势和文化优势,以特色服务为手段,满足顾客多元化和多层次化的需求,结合服务区驻地人文环境,历史渊源、旅游资源,深挖具有当地民族特色的服务经营项目,打造个性服务品牌,吸引更多的消费群体,创造良好的经济效益和社会效益。

(四)积极探索新增产业项目开发

1. 广告业

发挥服务区特有的地理优势,尽力开发挖掘服务区的广告服务项目,建立服务区综合信息广告服务平台,为当地农产品、工业产品、旅游业、餐饮业提供广告促销宣传服务和为公众出行提供交通、气象等信息服务。

2. 仓储、物流业

发挥服务区点多、线长、影响面广、交通便利的特点,积极探讨开发服务区仓储、物流服务项目。利用服务区用地,开展运输、仓储、配送、中转、包装等物流综合服务,建立一条用于运输和储存工农产品的高速公路快速网络货运系统,成为驻地农产品、工业产品的集散地和仓储地,成为居民农业和工业产品的配送和储存点,拓展服务区经营业务范围,提高经济效益。

3. 旅游业

利用驻地旅游资源,积极探讨与知名旅行社联合开发服务区旅游产业,提供周边旅游景点宣传、旅游团队餐饮、民族文化商品销售等服务。

4. 食品业

针对矿泉水、面包、奶食品以及内蒙古地区特色食品销售额度较大的特征,积极探索特色食品、食品精加工等新的服务项目，结合服务区分公司品牌战略，发展自有品牌委托加工商品业务。

5. 快餐、超市、汽修连锁业

借鉴先进地区高速公路服务区快餐、超市、汽修连锁经验，积极探索我区高速公路服务区连锁业务的发展前景。

（五）星级饭店

以高速公路封闭式运营资源为依托，借鉴部分南方发达省区在服务区内兴建星级饭店的经验，积极探索在内蒙古 GL 服务区内建设星级饭店的模式，并将星级饭店管理经验及标准导入现有服务区经营管理体系。

（六）资金筹措

现有服务区设备、设施的维修、改造和新增业务的发展，需要大量的资金投入，资金筹措成为能否实现公司规划目标的重要措施。分公司拟从以下几个方面进行资金筹措：一是服务区经营权转让承包收入；二是引入社会资金投资，参照 BOT 方式建设发展；三是整合其他企业的资源，共同开发新项目；四是在努力开辟财源的同时，主要依靠总公司投资扶持。

五、组织保障

（一）组织建设

1. 加强管理干部队伍建设

队伍带得好不好，关键因素是干部，分公司将从如下方面加强干部管理队伍的建设，提升企业管理核心力：一是加强领导干部的能力建设，要求干部对本单位、本部门工作做到清清楚楚，每项工作都要有计划、有布置、有监督、有结果；二是加强干部的沟通能力建设，对员工要多关心、多帮助、多教育、多沟通，搞好团结工作，提升团队凝聚力；三是加强干部的学习能力建设，G 服务公司将继续加大对管理干部的培训学习力度，通过讲座、研讨、赴先进省区考察交流等多种形式提升干部队伍的工作水平和工作能力。同时，各级干部和管理人员都要对自己的学习和工作进行清晰的目标定位，在工作中动脑筋、想办法，要以身作则，成为普通员工的榜样和带领者。

2. 加强员工队伍建设

公司加强员工队伍建设主要有六项措施：一是加大岗位责任制的落实力度，坚持以岗定人，以岗定责，在服务区服务质量与各级管理人员间建立连带责任制度和问责制；二是加强职工的学习培训工作，定期邀请知名专家和大学教授对员工进行思想意识、企业管理等方面的培训；三是积极探索一人多岗，一专多能的人员管理模式，充分挖掘员工的发展潜能；四是组织员工赴先进省区交流学习，开阔管理思路，提高管理水平；五是加强员工队伍的风气建设，讲团结、树正气，对不良风气和苗头给予坚决打击；六是开展服务区各岗位技能竞赛，挖掘人才，激活人才，培养人才，重用人才，表彰和奖励有突出贡献的员工，优秀典型起带头作用，推动服务区各项工作不断进步。

3. 加强服务区经营管理队伍建设

加强对各服务区域操作人员的监督，按公司标准及时调整不合格的管理人员。由于工作单位定期组织相关专业知识和学习先进管理经验，与其他单位管理服务部门经常相互交流经验，所以要不断学习新的管理理念和创新方法，逐步使服务区的运营朝着科学管理和健康发展的方向发展。

（二）强化"三服务"意识

1. 强化服务用路人的意识

以客户满意为目标，以高度的责任感做好服务工作。服务区域内的所有员工在工作中都坚持"三个必须"，一是必须把服务工作的重心落实在维护人民群众的利益上；二是必须正确处理群众舆论监督工作，广泛听取各种意见，积极吸收正确意见；三是诚实守信，始终如一地服务。不要贪小便宜，欺骗顾客，损害自己的形象。

2. 强化服务经营商的意识

充分发挥各分公司在服务领域的优势，尽可能地帮助运营商解决生活工作中的问题和困难，提供良好的投资环境，促进服务领域经济社会效益的增长。

3. 强化服务基层的意识

服务区的主要工作是在基层。特别是监管员、保洁工以及其他各岗位长年在服务区工作的员工，为服务区的发展付出了辛勤的劳动，做了大量卓有成效的工作。分公司全体干部职工要树立全面面向基层、全面服务基层的意识，积极地进行换位思考，关心、爱护和帮助基层员工，为他们改善工作环境，解决生活中的困难，让每一名服务区员工都感受到服务区大家庭的温暖，齐心协力做好各项工作。

（三）企业文化建设

1. 完善企业文化的基本思路

企业文化建设是企业的一项长期任务，结合企业的发展，需要长期不懈地进行完善和充实。在公司企业文化读本的基础上，将企业文化进一步规范化、特色化、精品化。其基本思路为：一是将企业的使命、愿景和战略目标的主要内容纳入企业文化之中，丰富企业文化内涵；二是进一步明确企业价值观、企业精神以及企业精神载体；三是凝练企业文化内容，突出重点；四是挖掘公司感人事迹、提炼公司特色企业文化；五是建立员工行为规范、重要岗位行为规范，将党风廉政建设纳入行为规范，强化工作作风建设，切实提高行业文明程度，构筑和谐型企业氛围，形成巨大的合力，保障分公司各项工作的顺利开展。

2. 加强企业文化建设的基本途径

利用多渠道、多形式加强企业文化建设，一是每年定期举办一次文化节，展示企业文化、宣传企业文化；二是确立一名企业文化兼职讲师，宣讲企业文化，培训员工；三是举办企业文化论坛，集思广益，总结企业文化，不断完善企业文化；四是谱写企业之歌，传诵企业文化核心内容；五是宣传能够体现企业精神的优秀员工和突出事迹；六是举办员工企业文化知识竞赛活动；七是统一企业文化的宣传标语，规范对外宣传的内容和形式；八是继续开展爱心基金救助活动，同时号召全线服务区积极开展创建消费者信得过单位、老百姓满意放心单位、精神文明单位、文明卫生单位；通过青年文明号一条路等活动，树立服务区良好的社会形象，不断提高人民群众的满意度，促进分公司各项工作的不断进步。

3. 以企业文化构建名牌服务企业

21世纪，企业之间的竞争越来越表现为文化的竞争，良好的企业文化是实现企业可持续成长的重要保障，建设良好的企业文化不仅可以凝聚人心、激励士气，还可以引导员工树立正确的世界观、价值观，形成独特的企业道德约束，这对服务区分公司打造是一个具有社会美誉度高、顾客满意度高、员工忠诚度高的名牌服务企业发挥着至关重要的作用。

G服务公司将以打造具有时代特征和个性特点企业文化，提升公司形象，提高管理水平，更好地服务于社会为目标，打造优秀的企业文化，形成分公司强大的发展动力；以优秀的企业文化，建立分公司管理的长远目标和管理理念，提高企业管理档次和整体水平，将企业发展愿景和员工生涯规划融合在一起，为员工提供一个适宜自我成长与发展的工作环境、一个和谐的人际关系环境和一个公平竞争环境；同时还将用企业文化建设促进员工队伍建设，提高职工综合素质，培养员工的敬业精神和社会责任感，更好地服务于顾客、服务于企业、服务于社会，积极地为企业发展做出贡献。

第六节　内蒙古G服务公司企业文化导入方案

一、内蒙古G服务公司企业文化建设三年规划

文化管理作为企业的三大动力之一，是企业管理的最高境界。公司努力用三年左右的时间，力争做到"一年造氛围，两年见成果，三年看实效"的要求。建立与企业发展战略及规律相符合的，体现员工基本利益和独特的企业文化，进一步加强公司管理，提高员工质量，改善公司的形象，并增强公司的竞争力。

第一年：对企业管理领域的所有工作人员进行全面、系统和集中的培训，从而营造一种积极的学习氛围；企业文化在提升、维护和提高企业形象知名度方面起到明确的作用，通过推广传播、培训教育将企业价值观纳入考核体系，员工可以通过企业文化来培

育塑造自己的工作行为，提升员工素质、培养员工忠诚度和凝聚力，公司在此阶段取得初步成果。

第二年：员工的价值导向逐渐与公司的核心价值观相适应。员工要进一步提高对公司的忠诚度，以公司员工为荣，自觉服务公司。员工行为准则得到完善，可以做什么和不能做什么之间的界限得到深化，整体质量得到提高。企业文化逐步形成领域内有自己独具特色的文化品牌。

第三年：这一阶段本质上是一次全面的重新评估和过去两年来组织文化体系的全面总结。对企业价值观、企业制度和行为准则的实践进行必要的检验，使之更加完善。推动和实施修订后的文件，使公司价值观和员工行为高度一致，建立真正独特和受欢迎的企业文化。

二、企业文化建设小组

成立组织企业文化建设小组，组织结构如图 9-48 所示。

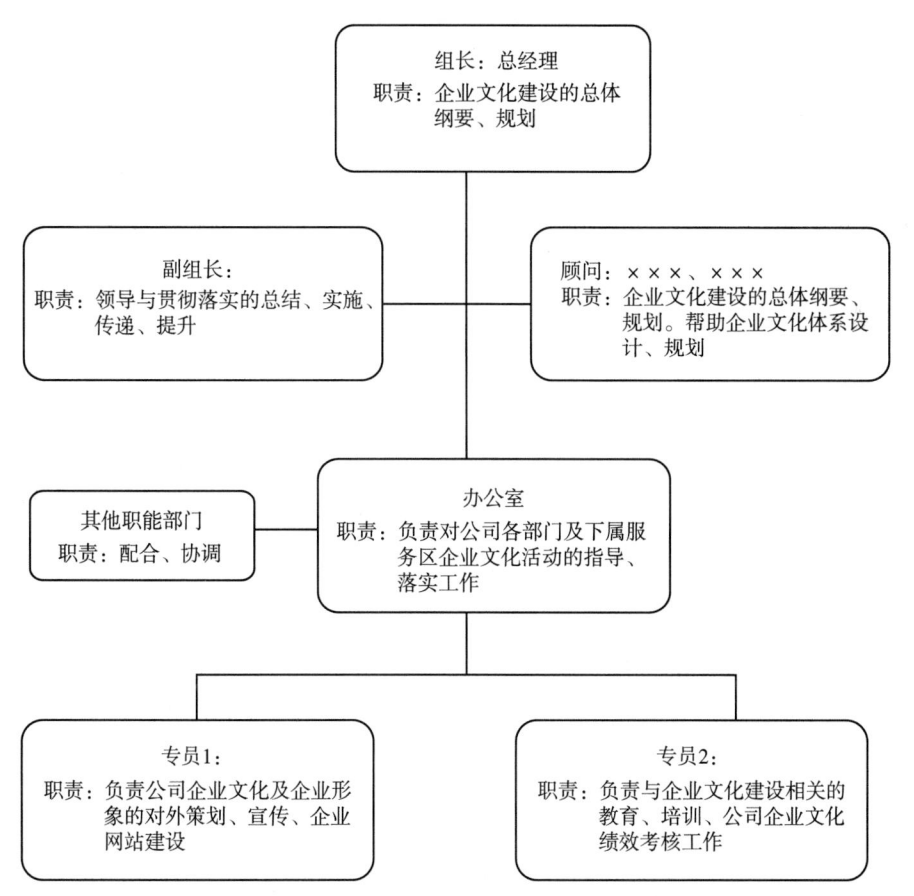

图 9-48 G 公司企业文化建设小组组织结构（作者整理绘制）

三、企业文化导入流程

企业文化其难度在于实施，实施的难度在于如何将价值观念传输到员工的心中，并不断强化而形成行为方式。G公司企业文化建设具体流程如图9-49所示。

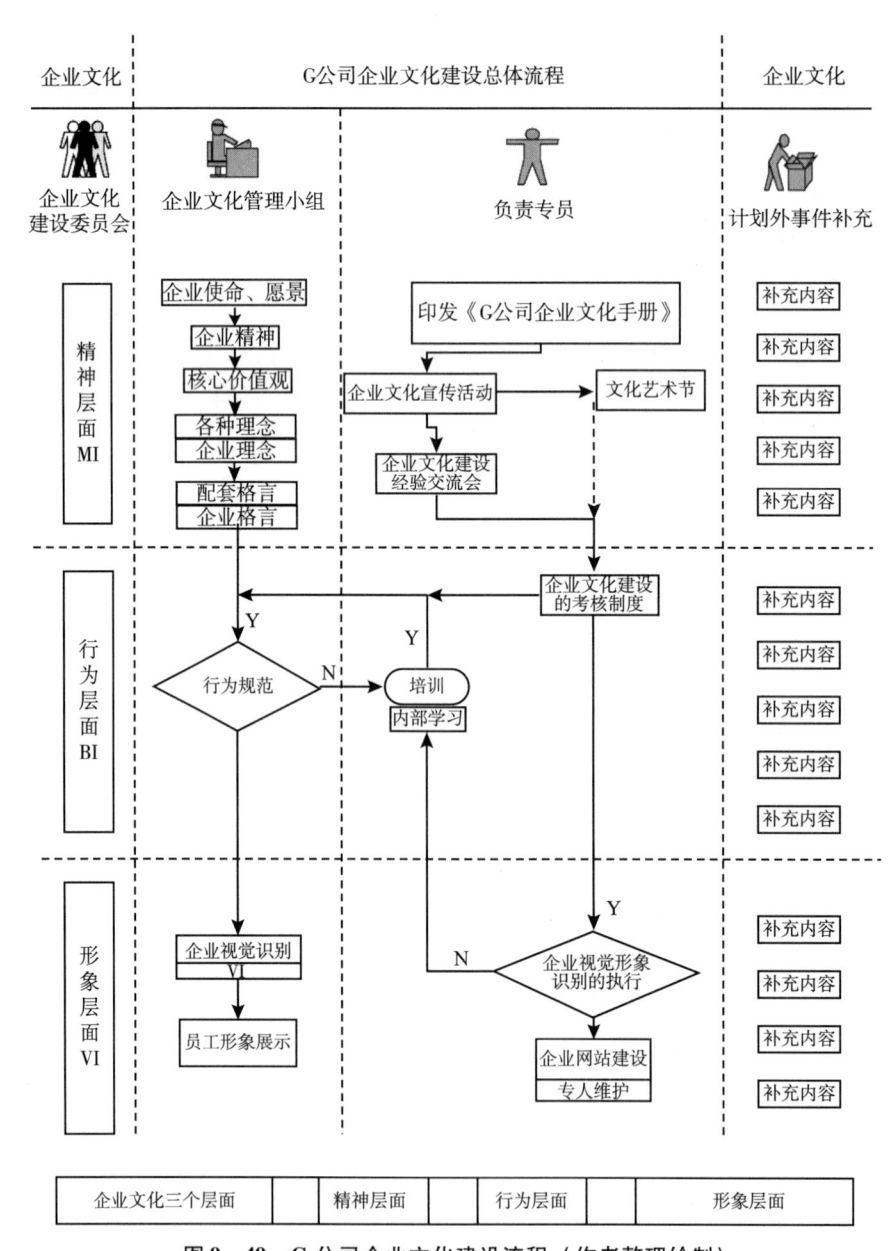

图9-49 G公司企业文化建设流程（作者整理绘制）

四、企业文化导入活动及时间进程

公司通过企业文化导入,把企业核心价值观渗透到企业经营管理的各个方面、各个层次和全过程,用文化的力量,去提升企业整体素质、管理水平和经济效益。公司具体导入活动如表9-48所示。

表9-48　　　　　　企业文化导入活动及时间进程(作者整理绘制)

时间	地点	主题	参与对象	负责人	目的	主要内容	详细内容
20××年 4.1~4.15		印发《G服务公司企业文化手册》	全体员工	办公室	进一步提高员工的素质和企业形象;进一步提高企业的凝聚力、竞争力,建设具有特色的企业文化	发放到员工,并做到人手一份	
20××年 4.16~4.30	机关、各服务区	公司、服务区粉刷、张贴反映企业文化的标语	各部门、服务区	办公室	树立良好的企业形象	统一企业标识、办公用品、服饰、公务用品等、通过广告媒体等视觉文化进行传播和推广	见表9-49
20××年 4.1~5.10		征集创作《GL人之歌》作为企业歌曲	全体员工	副组长	企业歌在企业文化导入过程中可激发员工主人翁精神,增强员工荣誉感、自豪感	征集词、曲,筛选	入选者给予一定程度的奖励
20××年 4.1~12.30		开展形式多样的企业文化宣传活动	全体员工	办公室	营造企业的文化气氛、提升企业向心力、凝聚力	出版报纸、杂志等刊物,举办各种活动	见表9-50
20××年 12月末	待定	进行内部经验分享	企业文化建设小组成员	组长	沟通、交流、学习	参观分享	
20××年 5.3~5.13	待定	中高层干部企业文化集中内训	企业中高层干部	外聘讲师	第一个阶段提高领导层面的企业文化意识	企业文化手册的全面掌握	见表9-51
20××年 5.14~6.14	待定	全员企业文化培训	全体员工	企业高层领导或外聘讲师	提高全员企业文化意识	结合企业实际情况进行企业文化手册的全面讲解	见表9-51
20××年 6.20~12.30	待定	制定有关企业文化建设的考核制度	全体员工	办公室	激励员工	企业文化知识考试	见表9-52

续表

时间	地点	主题	参与对象	负责人	目的	主要内容	详细内容
20××年 4.1~6.15		企业网站建设	网络中心	办公室	是公司对外展示文化内涵、企业形象和品牌形象的窗口	专业人士维护	
待定	机关、各服务区	企业文化日	全体员工	办公室	宣传公司企业文化、增强员工凝聚力	联谊（客户、新进员工）日、节日联欢日、家属答谢日、	
20××年 6.1~10.30	各个服务区	文化艺术节	全体员工	副组长	传播思想、打造品牌	举办征文、合唱、声乐、书法、美术、摄影和交谊舞等比赛	

五、企业文化标语与实施

通过在各部门张贴符合公司企业文化特征的标语、口号，具体实施方案如表9-49所示。

表9-49　　　　　　　企业文化标语与实施（作者整理绘制）

机关部门：

标语张贴位置	标语
会议室	攀比产生压力、压力催生动力 动力凝聚合力、合力创造效益
总经理办公室	泰山不拒细壤，故能成其高 江海不择细流，故能就其深
副总经理办公室	敢想敢拼，善谋善为
办公室	态度决定一切，细节决定成败 上下沟通达共识，左右协调求进步
财务科	清清楚楚算账，明明白白做人
服务质量监督管理科	秉公办事、恪尽职守、创新思变
工程设备科	多看一眼，安全保险 多防一步，少出事故 安全来自长期警惕，事故源于瞬间麻痹

续表

服务区：

标语张贴位置	标语
室外总标语	旅途休闲新感受，无限服务在高速（条幅） 送人玫瑰，手留余香（条幅） "路基精神"（条幅）
超市	微笑多一点，嘴巴甜一点，行动快一点
餐厅	没有卑微的工作，只有伟大的服务
洗手间	墙上无脚印，地上无痰迹
住宿	宾至如归
走廊张贴	
企业使命	致力于"三个服务"，发挥特有的资源优势，以人为本、以车为本，争创高速公路服务名牌企业
企业精神	"路基精神"
企业核心价值观	卓越服务中创造价值 真诚奉献中回报社会 科学创新中以新破旧
企业经营理念	路通人和，创品牌，铸形象，重效益

六、企业文化宣传活动

公司通过内部刊物、例会、庆典仪式等活动进行企业文化宣传，具体活动方案如表9-50所示。

表9-50　　　　企业文化宣传活动进度（作者整理绘制）

活动名称	时间安排	活动内容
创办企业报纸、杂志等刊物	企业定	创刊初期半月出一期 成熟后每周一期
统一制作宣传板	企业定	宣传价值观、行为规范
例会评说：设早、晚例会或周例会	企业定	例会开始全体起立，诵读企业精神，评说正反面典型事例，鼓励大家发言，端正态度，突出重点
层层演讲	企业定	每月或每一季度举办一次，联系本公司本部门本岗位和本人的实践展开演讲并进行筛选比赛
升国旗仪式	周一上午	由办公室负责执行这项仪式，每周一上午举行
公司周年庆典仪式	企业定	举行周年庆仪式，主题突出公司的精神、公司的理念，让社会了解公司的发展，感谢社会对公司的支持和帮助

续表

活动名称	时间安排	活动内容
年终表彰会	次年1月	年底推选出先进集体和个人，给予表扬、奖励，并将他们先进事迹和贡献刊登在公司内部媒体平台上传播
班前宣誓	交接班时间	由于各服务区时间地点不统一，可在各自的工作场所参加升旗仪式，举行宣誓仪式，宣读公司精神及相关概念，以唤醒自己的精神和思想

七、企业文化培训内容

公司根据不同岗位、不同部门、不同需求设计不同的培训内容。具体内容如表 9 – 51 所示。

表 9 – 51　　　　　　　　　企业文化培训内容（作者整理绘制）

分类	经营、管理人员	机关人员	服务区人员
相同培训内容	企业使命和愿景 企业核心价值观 企业精神 企业理念 总经理寄语 企业形象培训	企业使命和愿景 企业核心价值观 企业精神 企业理念 总经理寄语 企业形象培训	企业使命和愿景 企业核心价值观 企业精神 企业理念 总经理寄语 企业形象培训
不同培训内容	企业领导干部行为规范 学习规范	企业发展历程 企业机关员工行为规范	企业发展历程 企业文化的基础知识 服务区员工行业规范

八、企业文化绩效考核指标设计

公司把企业文化纳入绩效考核指标体系，具体考核指标如表 9 – 52 所示。

表 9 – 52　　　　　　　企业文化绩效考核指标（作者整理绘制）

分类		评价内容	得分	重要性系数	评定
理念精神层面	1	"路基精神"的体现		0.1	
	2	互动、高校、亲切、合理的服务理念		0.2	
	3	质量理念		0.4	
	4	安全理念		0.2	
	5	核心价值观		0.1	
		评价分数合计		1	

续表

分类		评价内容	得分	重要性系数	评定
行为层面	6	领导干部、机关、服务区人员行为规范		0.2	
	7	制度考核		0.4	
	8	团队活动情况考核		0.2	
形象层面	9	服装服饰是否统一		0.1	
	10	礼仪规范		0.1	
		评价分数合计		1	

考核办法：列入承包考核指标体系，需要确定考核部门。

理念精神层面考核：按年度考核，结合目前的考核办法，需要公司参与讨论。每项满分100分（需要参考原来的考核指标体系确定）。

员工行为规范、形象规范的考核每月发一期考核公报，每项满分100分；90分以上优秀，80~89分良好，70~79分中等，60~69分合格，60分以下不合格。

对上述各级别评审均需做出评语，对优秀的要给予100~300元的奖励；良好的要给予一定程度的鼓励与表扬；合格与中等的要提出改进的建议；不合格的给予50~100元罚款。

第七节　G服务公司三年来取得的主要成效

一、服务区经营招商工作已完成

目前，子公司管辖下的17个服务区通过投资承包业务开放，由G服务公司负责监督和管理服务区公共设施的管理和维护的所有运营活动。初步实现了"提高服务管理水平、增加营业收入、维持服务领域的固定资产"三个工作目标。

二、不断提高服务区的服务质量和水平

G服务公司作为内蒙古公路重要的服务窗口，一直把提高服务质量作为主要工作。在软件和硬件方面采取了一些措施来提高服务质量。在硬件建设方面，服务区域的硬化和绿色面积总体增加。成功完成了特种网和外部输水机组试点服务区的改造和建设。服务区不断完善服务设施，现代化的服务设备齐全，服务形象大大提升。在软件建设方面，对服务区域监督和管理不断加强，服务区域各级考核评价体系，建立相关标准和考核处罚，严格落实责任人，实行层层落实的工作，形成分阶段开展餐饮行业，汽车维

修，超市专项整治，不断提高服务行业社会满意度。

积极开展培训工作，举办了4期经营管理培训班，并陆续培训从业人员近10000人次；为员工发放《服务》《带兵要学解放军》《员工准则》《安全生产法》等各类书籍近千册，服务区各岗位工作人员的服务水平在不断的学习与实践中有了不同程度的提高。各个服务领域不断涌现出许多热情、主动为残疾人团体提供服务的善行，他们以敬业和务实的行动，向全社会展示了G服务公司良好的服务理念，得到了各级领导的认可和社会的广泛好评。

三、企业运营管理体系日臻完善

公司近几年来，在加强制度建设，夯实管理基础，完善企业运行机制方面做了大量的工作，通过各种管理制度、办法的出台，G服务公司企业管理、安全生产、财务管理、设施设备管理、劳务用工、考核测评等各项规章制度逐步健全，分公司制度汇编和管理表格汇总已初步编制完成，企业运行机制得到有效改善；分公司还根据工作实际调整了服务区的管理模式，将17个服务区分为三个管理段进行管理，管理流程更加清晰，工作任务落实率和执行力明显提高，G服务公司的监督管理力度得到切实加强；G服务公司还为服务区各岗位员工印发各项工作手册，规范了服务区各岗位员工的操作流程与工作标准，分公司整体管理水平得到有力提升。

四、企业文化与团队建设取得实效

G服务公司自成立以来，在人员和机构不断得到充实和健全的基础上，在上级组织的支持帮助下，成立了党建组织，制定党风廉政建设工作计划，编制《服务区分公司企业文化手册》，通过持续深入开展党风联建学习活动和"服务社会、服务基层、服务经营商"的三服务活动，以及建立服务区爱心基金、开展扶危救困工作，努力建设学习型、创新型、服务型、廉洁型的"四型"机关，并在全分公司系统内形成"以实为首，以和为本，以干为乐，以廉为荣，以绩为佳"的良好风尚，全力将服务区1200多名从业人员紧密团结在一起，共同建设服务区和谐大家庭。经过全体成员的共同努力，G服务公司的企业文化建设、和谐型企业建设、打造卓越团队建设等工作初显成效，员工讲大局，树正气的意识不断提高，分公司的凝聚力、向心力和战斗力不断增强，G服务公司现已获得了区精神文明单位和自治区消费者协会颁发的"诚信单位"称号，各服务区精神文明建设与青年文明号申报工作也取得了一定的实效，有力地推动了G服务公司各项工作顺利开展。

第十章 结论与启示

内蒙古地处我国西部民族地区，近年来人才流失尤为严重，本案例基于沙因理论分析和 OCAI 量表的奎因模型诊断，采用定性和定量的方法，建立了一个相对准确和客观的评价体系，定量采用奎因模型对企业文化类型进行诊断，结合沙因的定性研究，从企业文化的四个层次进行优化设计并实施。旨在通过建设适合本土特色的企业文化，提升企业竞争能力。

本研究选择内蒙古三家有代表性的企业（1 家服务型企业，1 家化工煤炭资源型企业，1 家以汽车为主多元化发展企业）进行的大量资料搜集。对不同类型的企业文化进行全面和深入的评价。通过对公司内部和外部环境的分析、问卷调查和对高级管理人员、中层管理人员和普通员工的深入访谈。依据访谈结果汇总设计调查问卷，分析 3 家企业文化现状，以及存在的问题和优化方案。采取实证研究方法，进行四个层面的诊断，提出企业文化建设的具体思路和对策。本研究主要得出以下结论：

（1）通过奎因模型诊断企业文化现状排序为严格高效＞业绩导向＞家庭团队＞个性创新；期望文化排序为家庭团队＞严格高效＞业绩导向＞个性创新。可以看出大家认为目前公司管理制度严格，期望形成对员工关心、具有团队凝聚力的组织，公司企业文化建设从严格高效型文化向家庭团队型文化转变，这就要人性化管理，对员工多一些关心，对下属多一些授权，而公司对于创新无论是现状还是期望，都缺乏创新意识，这也是西部民族地区普遍存在的问题，主要因为领导缺乏创新意识，所以在企业文化优化设计的过程中强调培养创新意识。

（2）运用沙因模型从企业文化四个层次进行分析，物质层方面主要体现在总公司和分公司标识运用不统一；有些分公司有员工活动场所，没有从员工真正的需求角度出发，造成了资源浪费现象。员工层存在的问题是员工缺乏了解公司的战略目标，不了解工作目标，关注个人目标而忽视组织整体目标；缺乏规范用语，管理层在行为方面存在的问题是对公司战略、价值观宣讲不够，员工很难理解领导意图；上传下达不太到位，制度层存在的问题不同市场没有采取差异化策略；薪酬的外部竞争力不够；业务流程烦琐影响工作效率；只注重业务指标忽视非业务指标，大多数员工感觉工作疲劳，工作热情不高；绩效考核成为唯一指挥棒；员工激励没有达到预期效果；理念层存在的问题是总公司的理念对工作指导作用小；管理者安于现状，管理思想僵化，管理思维没能跟上业务转型的步伐。

（3）依据对公司的咨询诊断情况，本研究从理念层面、企业形象层面和行为制度层面三个方面对企业文化建设提出优化建议：

一是从理念层面上，要先设计出愿景、使命、企业精神等理念体系，明确企业核心价值观，更新管理者和员工滞后的观念，培育企业精神，形成具有区域特色的组织文化。

二是从企业形象层面上，要健全和改善物质层文化，对工作活动场所以及公司的设施设备合理布局，促使员工之间的交流合作，有利于企业文化的传播；为员工配备各种设施设备，使员工生活工作便捷。进行设计，实现标志统一，在工作场所、信纸以及杯子等办公用品上规范统一的标识，做到企业标识统一化；虽然各个分公司或部门有自己的宣传口号，但是应该有统一的、有特色、符合实际的统一口号；企业文化上墙，在不同地方张贴不同的标语前提下，公司在相同的地方张贴统一的标语。

三是从行为制度层面上，要确定人才观念、制定因地制宜的设计考核制度、绩效考核办法应符合实际情况、完善激励体系，提高员工薪资待遇；采用多种激励方式结合，建立有效的人才培养机制。

企业文化诊断报告是基于调研基础之上形成的结果，不是通过个人推断而来的。在诊断报告中分析了企业文化类型，目的是诊断并提出有针对性的企业文化建设的建议，为公司形成有效的企业文化手册以及企业文化的导入与落实提供了思路与参考。笔者虽然亲自进行企业文化资料信息的收集、访谈和问卷调查设计，因研究内容仍有待于进一步深入，本项工作还可能存在一定的不足与信息偏差。关于企业文化基本理论研究不够系统、案例分析的深度有所欠缺；因选取样本较少，未能比较不同行业企业文化的差异，需要进一步对行业特征进行探索，从而推动建立健全具有西部地区民族特色的企业文化工作，进一步推动区域民族地区的发展。

附录一：S集团企业文化调研

S集团高层访谈提纲

1. 您喜欢的人生格言是什么？您信奉的价值观是什么？为什么？
2. 您认为集团传统文化的优秀成分有哪些？阻碍集团发展的旧观念、旧习惯是什么？
3. 结合集团情况，您认为哪些精神应发扬，哪些应摒弃？集团要做大做强，仍需补充哪些精神？
4. 集团有哪些能代表公司文化的感人故事？体现了什么精神？您认为什么适合作为企业精神的载体？
5. 您信奉的公司的经营理念？
6. 您信奉的公司的管理理念？
7. 您信奉的公司的客户服务理念？
8. 您信奉的用人观和人才观？
9. 您认为集团一贯倡导、坚持的工作与做事作风及风格是什么？
10. 公司理想的员工是怎样的？

S集团中层访谈提纲

1. 您喜欢的人生格言是什么？您信奉的价值观是什么？为什么？
2. 您希望集团将来成为一个怎样的企业？
3. 您认为集团传统文化的优秀成分有哪些？阻碍集团发展的旧观念、旧习惯是什么？
4. 结合集团情况，您认为哪些精神应发扬，哪些应摒弃？集团要做大做强，仍需补充哪些精神？
5. 集团有哪些能代表集团公司文化的感人故事？体现了什么精神？您认为什么适合作为本企业精神的载体？
6. 您信奉的公司的经营理念？
7. 您信奉的公司的管理理念？
8. 您信奉的公司的安全理念？

9. 您信奉的公司的客户服务理念？客户对我们公司的看法如何？
10. 您信奉的用人观和人才观？
11. 您认为集团一贯倡导、坚持的工作的做事作风及风格是什么？
12. 公司理想的员工是怎样的？理想的经理是怎样的？

S 集团基层、员工访谈提纲

1. 您知道本企业的战略目标吗？您希望本企业将来成为一个怎样的企业？
2. 您喜欢的人生格言是什么？您信奉的价值观是什么？为什么？
3. 您认为阻碍着本企业发展的旧观念、旧习惯是什么？
4. 结合集团情况，您认为哪些精神应发扬，哪些应摒弃？本公司要做大做强，仍需补充哪些精神？
5. 集团有哪些能代表公司文化的感人故事？体现了什么精神？您认为什么适合作为企业精神的载体？
6. 您信奉的公司的管理理念？
7. 您信奉的公司的客户服务理念？
8. 您信奉的公司的安全理念？
9. 您认为本公司一贯倡导、坚持的工作与做事作风及风格是什么？
10. 您认为公司理想的经理是怎样的？

S 集团公司企业文化调查问卷

根据 S 集团企业文化访谈，我们设计了此套问卷。问卷不记名，请按照自己的真实想法独立完成。

您在本企业工龄？

您所在的行业？□集团　　□化工　　□煤炭　　□电力

您的身份？□高层管理　　□中层管理　　□基层管理　　□员工

一、您对公司未来的美好愿望（愿景）是什么？您希望整个 S 集团能够成为：（选择出您认为最重要的 3 个）

1. 煤炭做大，电力做强，化工产业延伸的行业领先者
2. 发展成科技型、环保型、多元型的大型集团
3. 成为对员工负责，为员工提供平台；对社会负责承担社会责任的可持续发展的百年企业
4. 掌握核心技术，具有核心竞争力的国际一流煤炭化工企业
5. 企业有人情味，员工以厂为家
6. 企业价值和个人价值协调发展让员工具有归属感

附录一：S集团企业文化调研

二、为了实现美好愿望，你认为阻碍双欣集团发展的旧观念有哪些？（可多选）

1. 不思进取　　　2. 经验主义　　　3. 思维定式　　　4. 固执己见
5. 墨守成规　　　6. 享乐主义　　　7. 只看结果，不重过程

三、为了实现美好愿望，您认为阻碍双欣整个公司发展的旧习惯有哪些？（最多可选 3 个）

1. 消极怠慢　　　2. 推诿扯皮　　　3. 自律意识差　　　4. 浮躁跟风
5. 吹牛拍马　　　6. 阳奉阴违　　　7. 偷奸耍滑　　　　8. 搞小帮派，缺乏集体意识
9. 得过且过（事不关己高高挂起，当一天和尚撞一天钟）

四、您认同的价值观有哪些？（可多选）

1. 正直诚实　　　2. 自律节约　　　3. 精益求精　　　4. 勤俭节约
5. 积极进取　　　6. 低调做人　　　7. 吃苦耐劳　　　8. 尽职尽责
9. 勇于担当　　　10. 德优先　　　11. 谋事不谋人　　12. 踏实做事
13. 高效尽责

五、您认为集团员工应该提倡什么？反对什么？（可多选）

1. 提倡勤俭节约，反对铺张浪费　　　2. 提倡技术创新，反对思维守旧
3. 提倡团结协作，反对拉帮结派　　　4. 提倡遵守制度，反对违章作业
5. 提倡吃苦耐劳，反对享乐思想　　　6. 提倡积极工作，反对消极怠慢
7. 提倡谋事不谋人，反对谋人不谋事

六、您认为集团员工应该普遍具有哪些精神？（可多选）

1. 吃苦耐劳　　　2. 仁义精神　　　3. 务实创新　　　4. 乐观坚强
5. 顽强拼搏　　　6. 积极进取　　　7. 无私奉献　　　8. 感想敢做
9. 爱岗敬业　　　10. 任劳任怨　　11. 坚持不懈　　　12. 艰苦奋斗
13. 迎难而上、永不放弃　　　　　　14. 团结协作、互助关爱

七、您喜欢的人生格言有哪些？（可多选）

1. 办法总比困难多　　　　　　　　　2. 天道酬勤，事在人为
3. 超越自我，追求完美，勤能补拙　　4. 思想决定行动
5. 做事先做人，正人先正己　　　　　6. 做事不求尽善尽美，但求问心无愧
7. 细节决定成败，态度决定一切　　　8. 诚信是一个人最好的名片
9. 不是别人对你要求得太苛刻，而是你自己做得不够好

八、公司要获得持续的发展，应该有怎样的安全理念？（可多选）

1. 防微杜渐、防治结合　　　　　　　2. 警示教育
3. 思想重视、行动落实　　　　　　　4. 安全第一，预防为主
5. 安全树文化，文化保安全　　　　　6. 领导勤动腿，员工勤思考
7. 宁听领导骂声、不听家属哭声　　　8. 安全高于环保，环保高于生产
9. 不安全不生产，没有安全就没有效益
10. 源头安全要控制，人员操作要规范，管理过程要监督

11. 三不伤害：不伤害自己、不伤害别人、不被别人伤害

九、您认为公司要持续发展，它的经营理念应该是什么？（最多可选 5 个）

1. 以质量求生存
2. 务实创新
3. 利润高于一切
4. 知己知彼
5. 奉献股东，回报员工
6. 双赢共事做朋友
7. 以安全保稳定，以环保促发展，以质量促生存
8. 科学技术是基础，诚信经营是保证

十、您认为公司要持续发展，它的管理理念应该是什么？（最多可选 5 个）

1. 事事时时有人管
2. 人情在前、制度在后
3. 没有效率就没有效益
4. 先增产再节约
5. 分工明确
6. 管理制度化、制度体系化
7. 各部门独立管理、相互监督
8. 严格、刻薄
9. 六化管理：系统化、规范化、现代化、科学化、人性化

十一、您认为人才应该具备怎样的素质？（可多选）

1. 实事求是
2. 吃苦耐劳
3. 精干高效
4. 服从领导
5. 有进取心
6. 有创造性
7. 悟性高
8. 踏实勤恳
9. 思维敏捷
10. 诚实守信
11. 业务熟练
12. 忠诚公司
13. 悟性高执行力强
14. 综合素养高
15. 谋事不谋人
16. 忘我的工作态度
17. 良好的沟通能力

十二、您认为公司应该怎样使用人才？（最多可选 5 个）

1. 智者上，庸者下
2. 专业对口
3. 公平公正
4. 务实亲贤
5. 注重人才内部培养
6. 用其长、避其短
7. 有德有才者破格录用；有德无才者培养使用；有才无德者适当使用；无德无才者坚决不用

十三、您认为公司的工作作风应该是什么样的？（最多可选 5 个）

1. 雷厉风行
2. 坦诚相待
3. 不推诿、不扯皮
4. 以身作则
5. 工作积极
6. 当日事当日毕
7. 吃苦耐劳
8. 公平公正
9. 务实创新
10. 注重细节
11. 相互沟通
12. 工作效率高
13. 民主
14. 团结
15. 廉洁
16. 节俭

十四、您认为公司管理人员应该是怎样的？（最多可选 5 个）

（一）理想的高层应该是

1. 表率力
2. 洞察力
3. 开拓性
4. 亲和力
5. 前瞻性
6. 执行力
7. 思维敏捷
8. 亲临一线
9. 引导下属
10. 换位思考
11. 善于沟通
12. 宽容大度
13. 领导力强
14. 德才兼备
15. 统筹兼顾
16. 团结员工

17. 公平公正	18. 关心下属	19. 以身作则	20. 因材施教
21. 有战略意识	22. 有创新意识	23. 人性化管理	24. 协调能力强
25. 组织能力强	26. 有创业精神	27. 有人格魅力	28. 有魄力勇于承担
29. 具有导师角色	30. 在其位谋其政		

（二）理想的中层应该是

1. 执行力强	2. 尽职尽责	3. 换位思考	4. 善于思考
5. 严于律己	6. 责任心强	7. 奖罚分明	8. 追求卓越
9. 关心下属	10. 积极进取	11. 独当一面	12. 无私奉献
13. 以厂为家	14. 沟通能力强	15. 抗压能力强	16. 有创新意识
17. 品行端正	18. 团队意识强	19. 组织能力强	20. 有理想抱负
21. 业务知识熟练	22. 善于培养人才	23. 同甘苦共患难	

十五、在您眼中，您认为理想的员工应该是什么样的？（最多可选 5 个）

1. 勤奋	2. 效率高	3. 悟性高	4. 有文化
5. 团结协作	6. 乐于奉献	7. 爱岗敬业	8. 吃苦耐劳
9. 以厂为家	10. 踏实肯干	11. 忠于公司	12. 品行端正
13. 有责任心	14. 尽职尽责	15. 坦诚实在	16. 积极进取
17. 表达能力强	18. 有人生目标	19. 有创新意识	20. 学习能力强
21. 干一行爱一行	22. 有理想和抱负		

十六、您认为下列选项中哪个最能作为本企业的精神载体？（最多可选 2 个）

1. 不锈钢螺丝钉：具有吃苦耐劳、钻研、奉献敬业、适应环境快。

2. 白杨树：向上、正直、生存能力极强、用途多、高大挺秀、生命力顽强、坚强不屈精神。

3. 黄牛：勤勤恳恳、做事踏实、忠于职守、任劳任怨、耿直倔强、顽强拼搏精神。

4. 沙葱：耐干旱、顽强拼搏、奋斗、敢于同大自然搏斗的精神。

5. 乌木：木质硬重、耐久用、永不褪色、不腐朽、不生虫（不朽、不腐、不蛀）。

6. 红柳：英雄树，耐旱、耐热无论环境有多艰苦，即便是在石头缝中都能成长，有韧性、默默无闻、踏实奉献精神。

7. 小草：平凡、顽强的生命力、坚忍不拔、逆来顺受、任凭狂风暴雨、从不弯腰的精神。

8. 胡杨：活着一千年不死、死了一千年不倒、倒了一千年不朽，其耐旱耐涝、生命力顽强，特别能吃苦、特别能战斗的精神。

9. 水泥：精益求精、一水一灰筑高楼、以人为本、吃苦耐劳、踏实奉献精神。

十七、感人事迹

（一）下列发生在企业中的感人事迹，最感动您的是

1. 领导的榜样力量，例：乔总亲自解决对员工入职时的待遇问题；苗总带领大家亲自装运电石。

2. 企业上下团结一致，例：公司员工出了事故，不管是谁的车，即便是领导的车也积极地投入进去使用；电厂每年都大修，大概需要 40 天，所有参加的员工 40 天不休息，直到干完为止。

3. 身边的楷模，例：新华的李总在公司办事处，为了公司的事半夜睡不着觉，必须得吃安眠药；双欣环保徐总在 2012 年体检肝功能不好，需要休息，但徐总说到下半年等生产稳定了再休息，然而到现在一直都没有休息。

4. 面对事故，乐观向上，例：有一个人伤得很重，98% 的烧伤，每天在盐水里面泡 2 个多小时，但是一声不吭。而且当时看望他的时候，他非常乐观，还非常感谢企业，阳光，积极向上。

5. 企业的关爱，员工的人情味，例：正丰煤矿的一个工人得了癌症，员工自发捐款；有一个新员工刚到当地时听不懂当地话，下现场时对现场的危险性意识不足，当时一个老员工对她进行了细心、规范的讲解。

6. 以厂为家、甘于奉献，例：煤矿底下阴暗潮湿，为了工作需要。员工在井底下能待上一两天；员工对工作积极主动，从早上 6 点钟到晚上 10 点钟，一直把事情干完跟领导汇报完后才休息。

7. 企业的社会担当，例：集团坚持每年社区进行帮扶、对教育进行基金投入，及时在 2008 年、2013 年这两年集团经济形势不乐观的时候也坚持回报社会。

（二）您认为上述事迹体现了什么精神（最多可选 5 个）
1. 共同关爱　　2. 社会责任　　3. 团队协作　　4. 吃苦耐劳　　5. 团结一致
6. 任劳任怨　　7. 敬业奉献　　8. 积极进取　　9. 尽职尽责　　10. 诚实守信
11. 坚持不懈　　12. 不畏艰难　　13. 以厂为家　　14. 同甘苦共患难

十八、您对公司企业文化建设的意见和建议：

S 集团诊断维度	
现状、未来的期望	
行业	
身份	
一、组织的特征	
1. 组织是一个人性化的地方，就像是家庭的延伸，人们不分彼此。	部落式 （家庭团队型）
2. 组织具有很高的灵活性、创业精神，人们勇于冒险和承担责任。	临时体制式 （创新个性型）
3. 组织的功利性很强。人们主要的想法是完成工作，员工的能力很高，并且期望成功。	市场为先式 （业绩导向型）

续表

4. 组织被严格地控制且组织严明，人们按照条例办事。	等级森严式 （严格制度型）
合计分数	
二、组织的领导	
1. 组织的领导通常体现了导师、推动者或培育者的作用。	部落式 （家庭团队型）
2. 组织的领导风格主要是创业、创新和尝试冒险。	临时体制式 （创新个性型）
3. 组织的领导风格主要是"没有废话"，具有进取性和功利性。	市场为先式 （业绩导向型）
4. 组织的领导风格主要是有条理、有组织性、运作顺畅且充满效率。	等级森严式 （严格制度型）
合计分数	
三、员工的管理	
1. 管理风格是团队合作、少数服从多数，以及参与性强。	部落式 （家庭团队型）
2. 管理风格是个人英雄主义、喜欢冒险、勇于创新、崇尚自由和展现自我。	临时体制式 （创新个性型）
3. 管理风格具有很强的竞争性，要求和标准都非常严格。	市场为先式 （业绩导向型）
4. 管理风格主要是确保雇佣关系，人们的关系是可以预见，稳定和一致的。	等级森严式 （严格制度型）
合计分数	
四、组织的黏合力	
1. 组织靠忠诚、互信黏合在一起。人们都具有承担义务的责任感。	部落式 （家庭团队型）
2. 人们靠创新和发展结合在一起，走在时代的前列是重点。	临时体制式 （创新个性型）
3. 成功和完成目标把人们联系在一起，进取和取得胜利是大家共同的目标。	市场为先式 （业绩导向型）
4. 人们靠正规的制度和政策在一起工作，维持一个顺畅运作组织是非常重要的。	等级森严式 （严格制度型）
合计分数	

续表

五、战略重点	
1. 组织重视人力资源发展、互信、开诚布公和员工持续的参与。	部落式 （家庭团队型）
2. 组织主要寻求新的资源和迎接新的挑战，尝试新事物和寻求机遇是员工价值的体现。	临时体制式 （创新个性型）
3. 组织追求竞争和成功，打击对手和在市场中取得胜利是组织的主要战略。	市场为先式 （业绩导向型）
4. 组织希望看到持久和稳定，效率、控制和顺畅的运作是工作重点。	等级森严式 （严格制度型）
合计分数	
六、成功的标准	
1. 组织对成功的定义为人力资源、团队合作、员工的贡献、对员工的关怀上的成功。	部落式 （家庭团队型）
2. 组织对成功的定义是组织是否具有特色和最新的产品，是否是产品领导者和创新者。	临时体制式 （创新个性型）
3. 组织对成功的定义是赢得市场份额并且打败对手，成为市场的领导者。	市场为先式 （业绩导向型）
4. 组织视效率为成功的基础，相互传递、平稳的工作安排，以及低成本是至关重要的。	等级森严式 （严格制度型）
合计分数	

附录二：H 公司企业文化调研

高中基层管理者访谈提纲

1. 结合您的个人经历和感悟，谈谈喜欢的人生格言是什么？您信奉的价值观（为人办事的是非标准、荣辱标准）是什么？为什么？
2. 结合企业情况，您认为哪些精神应发扬，哪些应摒弃？本公司要做大做强，仍需补充哪些精神？
3. 本公司在经营过程中，始终坚持的价值取向（对客户价值、利润的基本看法）是什么？为什么？
4. 您信奉的公司的管理理念？
5. 您信奉的公司的客户服务理念？
6. 您信奉的用人观和人才观？（用人的基本手段、人才的标准，包括对股份制调动人才积极性的理解和态度）
7. 请您总结一下，本公司一贯倡导和坚持的工作与做事作风及风格是什么？为什么？
8. 公司有哪些能代表公司文化的感人故事？体现了什么精神？
9. 公司理想的员工是怎样的？理想的经理是怎样的？（评价其对总经理的认识以及分歧意见）
10. 我们的客户对我们公司的看法如何？

H 公司企业文化调查问卷

尊敬的女士（先生）：

您好！感谢您抽出宝贵的时间来填写这份问卷。

为更好地了解企业实际情况，推进 H 企业文化建设，我们设计了此套问卷，请您协助完成问卷调查。问卷不记名，不存档，请您按照自己的真实想法独立完成。感谢您的参与。

说明：根据要求把选择的题号填写在（　）中。

单位部门：　　　　　　　　　职务：　　　　　　　　工作年限：

一、您对公司未来的美好愿望（愿景）是什么？

您希望<u>整个公司</u>能够成为——（选择出您认为最重要的两个）（　　　）

1. 员工在行业中具有自豪感，在岗位上快乐工作的平台

2. 成为百年品牌企业

3. 能够为社会创造价值，为客户精诚服务，为员工谋取幸福的公司

4. 充分发挥、挖掘员工的能力和创造力，实现公司的发展；通过公司的发展，为员工提供发展事业、实现梦想的理想平台。

<u>您还有什么要补充的吗？</u>

二、为了实现美好愿望，你认为<u>整个公司</u>应该具有怎样的立志和理想（企业使命）（选择出您认为最重要的一个）（　　　）

1. 成为内蒙古地区一流的以汽车服务业为主业的集团公司。

2. 不断满足客户日益增长和变化的需要，为客户提供优质满意的产品和服务；不断适应社会的发展和变化，为社会创造物质财富和精神价值。

3. 打造一个特色化、专业化、规范化、现代化的汽车服务业为主的领军企业。

<u>您还有什么要补充的吗？</u>

三、您所信奉的价值观（您认同或者赞赏的，可多选）是哪些？（可多选）（　　　）

1. 有追求、坦荡做人

2. 百智"德"为先

3. 快乐工作每一天

4. 先做人，后做事

5. 态度决定一切

6. 跟自己较劲

7. 天道酬勤

8. 办法总比困难多

9. 追求卓越，体现自我价值

10. 自强不息

<u>您还有什么要补充的吗？</u>

四、您认为如何工作是快乐的?（选择出您认为最重要的三个）（　　）

1. 一个人快乐会给很多人快乐
2. 让员工做自己擅长和感兴趣的工作是一种快乐
3. 根据岗位特点和员工能力双向选择其职位,做到人尽其才是一种快乐
4. 付出与回报匹配是一种快乐
5. 让每个员工都有学习的机会
6. 创造和谐工作关系（上下级关系、同事关系）是一种快乐
7. 加强硬件建设,环境好,员工心情才能好
8. 公司多为员工考虑一些工作以外的事情,让员工无后顾之忧。

您还有什么要补充的吗?

五、公司要获得持续的发展,应该倡导发扬什么样的精神?（选择出您认为最重要的三个）（　　）

1. 脚踏实地、踏实肯干、守信率真
2. 团队为先、和谐包容,反对个人英雄主义、反对揽功推过
3. 创新
4. 爱岗敬业
5. 艰苦奋斗
6. 有理想,反对自甘平庸、碌碌无为
7. 自我激励、自我约束

您还有什么要补充的吗?

六、您认为公司怎样才能体现顾客价值[①]高于利润（为顾客创造价值放在第一位,只有为顾客创造价值,才能获得利润,才能永续发展,才能使企业优秀、员工幸福）?（可多选）（　　）

1. 挖掘需求,满足顾客需要
2. 善于经营,提高产品和服务的性价比（即性能价格比）
3. 诚信服务,守法经营

您还有什么要补充的吗?

---

① 顾客价值的含意：顾客愿意以一定的付出（包括价格、时间、交通费用等成本）换取的收获（包括服务、产品、体验、收益等）。

七、您认为公司持续发展，它的管理理念（具体表现在管理者在日常管理工作中所体现出来的比较一致性的风格、方式）应该是什么？（选择出您认为最重要的五个）（　　）

1. 按规矩办事，言之有理，持之有据，追求全面、精准、协调、持续
2. 争议是为了搞好工作，争议是有原则的充分沟通，最终在争议的基础上形成协作与共识
3. 公平合理的竞争机制
4. 公正客观的评价体系
5. 科学、高效、务实的管理模式
6. 明确目标（高层领导：明确战略目标，了解部门目标；中层领导：理解战略目标、明确部门目标，了解基层目标；基层领导：知道战略目标，理解部门目标，明确岗位目标。）
7. 专业规范的管理制度
8. 运用计划、预算等先进管理手段来提高效率

您还有什么要补充的吗？

八、您认为公司应该如何加强对客户的服务？（可多选）（　　）

1. 尊重客户、理解客户，建立企业与客户之间的相互信任关系。
2. 做好内部服务是外部服务的基础。
3. 友好（善意、微笑）
4. 诚实
5. 快捷、机智服务
6. 规范服务

您还有什么要补充的吗？

九、您认为公司的用人理念（选人、用人、培养人、留住人）应该是什么？（可多选）（　　）

1. 注重培养、发掘员工潜力，为员工快速成长创建平台；
2. 若外部出现更有前途的就业岗位，企业乐意提供机会。
3. 量才使用，为员工扬长避短创造条件（发挥其长处、克制其缺点）
4. 有德有才，破格使用；有德无才，培养使用；无德有才，限制使用；无才无德，绝不使用。
5. "镜子"观念（你怎样对待员工，员工就会怎样对待你）

您还有什么要补充的吗？

十、您认为公司管理人员应具备的素质：（可多选）（   ）

1. 品德好
2. 有悟性
3. 有潜力
4. 有理想
5. 团结协作
6. 勇担责任
7. 勤奋好学

您还有什么要补充的吗？

十一、您认为一般员工应具备的素质：（可多选）（   ）

1. 踏实肯干
2. 上进心强
3. 勤奋好学
4. 有遵守规范的理念

您还有什么要补充的吗？

十二、在您眼中，理想的经理（包括部门经理）是什么样的？（可多选）（   ）

1. 具有执行力
2. 具有判断力
3. 具有预见力
4. 具有抗压力
5. 具有决断力
6. 乐于培养下级
7. 能够带领团队，让团队看到希望，可激发员工干劲，能增强凝聚力。
8. 爱学习，进步快
9. 勤思考，善创新
10. 品质可靠
11. 以身作则

您还有什么要补充的吗？

十三、在您眼中，您认为理想的员工是什么样的？（可多选）（　　　）
1. 做事认真
2. 忠于公司
3. 干一行爱一行
4. 团结协作
5. 责任心强
6. 有理想和抱负

您还有什么要补充的吗？

十四、您认为公司的工作作风应该是什么样的？（可多选）（　　　）
1. 提倡严谨规范，反对潦草蛮干
2. 提倡求真务实，反对夸夸其谈
3. 提倡实事求是，反对弄虚作假
4. 提倡向上沟通，反对向下散布
5. 提倡言行一致，反对口是心非
6. 提倡主动积极，反对消极等待
7. 提倡用心做好小事，反对好高骛远
8. 提倡专注自己的工作，反对只盯别人的不足
9. 提倡计划、预算，反对应急蛮干
10. 提倡"再多一点"的作风，反对得过且过的态度

说明："再多一点"：努力再多一点、容忍再多一点、追求再多一点等

您还有什么要补充的吗？

十五、您对公司企业文化建设的意见和建议：

再一次对您表示感谢！

企业文化项目组

附录三：G 公司企业文化调研

G 服务公司访谈提纲
A 企业高层领导访谈调研提纲

1. 请您谈谈您的个人工作经历，以及个人的感悟。
2. 您最喜欢的人生格言是什么？以及您的人生观和价值观是什么？为什么？
3. 请您谈谈 G 服务公司的规模，员工概况，历史沿革，您认为可概括为几个发展阶段？每个阶段的特点都是什么？
4. G 服务公司的具体服务内容有哪些？
5. 企业文化有导向功能、凝聚功能、约束功能、激励等功能，您也希望您的企业充满这样的文化氛围、充满生机吗？您认为公司现在的企业文化有哪些不足？
6. 作为企业的高层领导，您对当前企业文化建设的目标或者说期望是什么？高速公路服务公司是否有体现本公司核心理念的标语口号？是否准确贴切？
7. G 服务公司的质量、成本、客户、竞争、创新、危机、学习等意识如何？
8. G 服务公司对社会责任感和环保意识体现在哪些？
9. G 服务公司如何看待和对待员工？是否有公平的培训、选拔、考核与激励机制？如何体现在相关制度和薪酬体系中？
10. 您认为公司的传统文化的优秀成分有哪些？在现代市场经济形势下，存在哪些思想观念、文化传统、行为习惯在阻碍着公司的快速发展，应予以改良和提升？
11. 请您谈您公司有自己的企业标识、标准字、标准色、标准的公文纸、信封、交通工具上都有体现本企业形象的标识吗？
12. G 服务公司有哪些能代表公司文化的故事？是否有公司自己的节日？
13. 让企业文化深入人心，发挥作用，不断提高员工文化素质，推进企业发展，公司与高校友好合作建立企业员工培训机制，您有这方面意向吗？

B 企业中层干部访谈调研提纲

1. 请简要介绍您个人的情况，包括单位、职位、经历、职责等。

2. 公司历经变革，不断发展壮大，面对严峻的市场化经营，您认为，目前本公司在经营、管理、人才、科研、创新、战略和文化等方面，已形成了哪些突出的优势，还存在哪些明显的劣势？

3. 为了提升企业凝聚力，您认为哪些精神应发扬，哪些应摒弃？本公司要做大做强，仍需补充哪些精神？

4. 您认为本公司在现代市场经济中，生存与发展的根本目的和意义是什么？

5. 本公司生存与发展及发展快慢，取决于人才及人才能力的发挥。请您谈谈本公司在人才引进、使用、培养和激励方面的政策和执行情况。是否体现了公平、公正、平等、竞争？

6. 请问，您知道本公司的战略目标吗？以及您希望本公司将来成为一个怎样的服务公司？

7. 请您总结一下本公司人一贯倡导和坚持的工作与做事作风及风格。为什么？

8. 请您简述一下目前本公司的竞争对手都有哪些？它们都具有什么优势或劣势？

9. 请您谈一谈当前社会、社区、政府、客户、竞争者、同盟者或广大员工是如何评价本公司的。

10. 您认为本公司的先进人物是否起到模范作用？及本公司是否形成"八风八讲"的风气？为什么？

11. 请您用一句话，概括一下公司的特点。

C 企业员工访谈调研提纲

1. 您认为公司的管理制度是否符合公司目前的发展需要，还有哪些方面有待改进？

2. 您认为公司是否有企业文化？如果有，那么本公司企业文化有哪些自己的特点？

3. 您认为公司在未来 3 年中的发展遇到的主要问题是什么？最紧迫的有哪些？最重要的问题有哪些？

4. 您是如何看待干部轮岗和员工内部流动的？您认为目前的干部提拔和员工流动机制是否合理？

5. 为了提高企业的凝聚力，您认为对员工应该采取什么激励方式最有效？

6. 您对公司目前的培训工作有何看法？您认为参加公司的培训对自己将来的发展是否很重要？

7. 您认为公司是否形成"八风八讲"的风气？为什么？

8. 您认为公司将自己的企业精神、发展宗旨、行为准则、规章制度等广为宣传，大力鼓励、支持全体员工遵守和贯彻执行，使之付诸日常工作和生活中了吗？

9. 请您谈谈对公司的看法和建议。

内蒙古 G 服务公司
企业文化调研问卷 A

尊敬的女士（先生）：

您好！感谢您抽出宝贵的时间来填写这份问卷。

为进一步推进 G 服务公司企业文化的整合与重塑，使服务区分公司文化在新时期焕发新的活力，在整个公司范围内推出企业文化调查，我们热忱欢迎大家就 G 服务公司现有企业文化提出您的看法，对公司文化的提炼和重塑提出您的建议。

该企业文化建设事关到每个企业人的切身利益，请各位认真对待此调查问卷。希望将自己的真实想法反映在答卷中。谢谢！

说明：请在"（ ）"内填写相应字母，1~30 单选，只能选答一项

1. 您的工龄（即：在本企业工作的时间）是多少？（ ）
   A. 6 个月以内   B. 6~12 个月   C. 1~2 年   D. 2 年以上

2. 您了解公司的企业文化吗？（ ）
   A. 知道   B. 不太清楚   C. 不知道

3. 您工作中的烦恼是（ ）。
   A. 对工作没兴趣   B. 人际关系难处理
   C. 工作的报酬低   D. 工作没有挑战性

4. 您是否愿意佩戴公司的司徽？（ ）
   A. 很乐意，这是一种荣耀   B. 无所谓   C. 不愿意

5. 您乐于向上级表达自己的想法吗？（ ）
   A. 很乐意，上级能够经常倾听员工的想法
   B. 希望表达，但没机会与上级沟通
   C. 无所谓，我们的想法对于上级来说没有意义
   D. 不愿意

6. 您认为领导对你公平吗？（ ）
   A. 不公平   B. 公平   C. 有点偏袒我   D. 还过得去

7. 您在工作中尝试使用新方法吗？（ ）
   A. 是的，我喜欢创新   B. 没有，我的工作不需创新
   C. 没有，大家都这样   D. 没有，因为怕出错
   E. 经常尝试且成功次数很多   F. 失败多次，但会继续

8. 工作之余，您参加过公司组织的活动吗？（ ）
   A. 有，经常参加   B. 不多
   C. 听说过，但从来没有参加过   D. 没听说过

9. 您有接受培训的机会吗？（ ）

A. 很多　　　　　　　B. 有，但不多　　　C. 没有机会

10. 您觉得在公司工作，工作能力提升幅度如何？（　　）

    A. 不会提高　　　　　　　　　　　B. 不知道
    C. 会提高但速度太慢　　　　　　　D. 会提高
    E. 会有大幅度提高

11. 您了解公司的规章制度吗，它们对您有影响吗？（　　）

    A. 不了解　　　　　　　　　　　　B. 了解，但没有影响
    C. 了解，它指导我的行为　　　　　D. 了解，但规章制度经常脱离实际

12. 您知道公司为员工设置的奖励制度吗？（　　）

    A. 不知道　　　　　　　　　　　　B. 知道，但从来没有参加过评选
    C. 知道，但那只是一种形式　　　　D. 参加过评选，有一定的激励作用

13. 您在工作中遇到困难一般会向谁求助？（　　）

    A. 部门的同事　　　　　　　　　　B. 其他部门的同事
    C. 领导　　　　　　　　　　　　　D. 企业外的朋友
    E. 自己想办法　　　　　　　　　　F. 其他

14. 如果您发现公司存在的一个问题，又不在您的职责之内，您会提出来吗？（　　）

    A. 会　　　　　　　B. 不会　　　　　　C. 看情况

15. 您认为在公司能实现自己的理想吗？（　　）

    A. 不能　　　　　　B. 不知道　　　　　C. 能够　　　　　　D. 看以后的发展

16. 您觉得公司的使命愿景对您有影响吗？（　　）

    A. 有　　　　　　　B. 影响不大　　　　C. 与我无关

17. 假如您所在的部门被评为先进集体等，您的态度怎么样？（　　）

    A. 很高兴　　　　　B. 高兴　　　　　　C. 比较高兴　　　　D. 有点高兴
    E. 无所谓

18. 您所在的部门对员工的评定是否有一套客观标准？（　　）

    A. 有，而且不错　　B. 没有　　　　　　C. 不知道
    D. 有，但不科学，不利于人才的评定与选拔

19. 您认为员工的合理化建议是否受到了重视？（　　）

    A. 很受重视　　　　　　　　　　　　B. 受重视
    C. 一定程度上重视　　　　　　　　　D. 不受重视

20. 您认为目前公司员工的整体素质是否能适应未来公司发展的需要？（　　）

    A. 能适应　　　　　B. 不能适应　　　　C. 不太适应　　　　D. 差距很大
    E. 不知道

21. 作为公司的员工，您是否有强烈的自豪感？（　　）

    A. 有　　　　　　　B. 时而有　　　　　C. 没有　　　　　　D. 不知道

22. 您是否清楚公司日常发生的大事？（　　）

A. 清楚　　　　　B. 不很清楚　　　C. 不清楚
23. 您认为公司现有的文化活动（含：员工教育培训、业余生活等）足够吗？（　　）
A. 足够　　　　　B. 不太够　　　　C. 不够　　　　　D. 不清楚
24. 公司领导在作出有关员工切身利益的决策时，是否征求员工意见？（　　）
A. 征求　　　　　B. 经常征求　　　C. 有时征求　　　D. 不征求
25. 您认为对重大问题的决策，公司是否遵循有关规定的程序？（　　）
A. 遵循　　　　　B. 有时遵循　　　C. 基本遵循　　　D. 不规则遵循
E. 不遵循
26. 您认为公司员工的士气如何？（　　）
A. 很高　　　　　B. 较高　　　　　C. 一般　　　　　D. 不太理想
27. 当您听到有人把公司说得一无是处时，您的态度怎么样？（　　）
A. 反驳　　　　　B. 可能反驳　　　C. 一定程度上反驳
D. 基本不反驳　　E. 不管
28. 您知道公司的"八讲八风"建设吗？（　　）
A. 知道　　　　　B. 说不清　　　　C. 不知道
29. 您认为公司现有文化对公司发展有多大的促进作用？（　　）
A. 有很大作用　　B. 有一定作用　　C. 没有作用　　　D. 不清楚
30. 您了解公司的发展目标、发展战略吗？（　　）
A. 不知道　　　　　　　　　　　　B. 不关心
C. 想知道，但没有渠道了解　　　　D. 很了解

企业文化调研问卷 B

说明：请在"（　　）"内填写相应字母，31~50可多选，请选答2~6项。

31. 平时您了解公司各类信息的主要渠道是什么？（　　）
A. 会议传达　　　B. 文件通告　　　C. 同事传达　　　D. 宣传栏
E. 其他
32. 您觉得与同事相处和谐的关键是（　　）。
A. 情投意合　　　B. 宽容　　　　　C. 互惠互利　　　D. 共同的追求
E. 坦诚　　　　　F. 其他
33. 您认为那些待遇比您高的员工在哪些方面比您强？（　　）
A. 没什么方面　　B. 人际关系　　　C. 业务能力　　　D. 道德品质
E. 组织协调能力　F. 其他
34. 您认为在服务区分公司工作最需要的是（　　）。
A. 鼓励内部竞争　B. 创新　　　　　C. 人性化管理　　D. 科学管理
E. 团队精神　　　F. 提高待遇　　　G. 其他

35. 您认为服务区分公司应当具备怎样的核心理念？（　　）
　　A. 创新精神　　　　B. 技术领先　　　C. 服务至上　　　　D. 人本管理
　　E. 质量意识　　　　F. 实业报国　　　G. 至诚圆满 卓越贡献
　　H. 其他

36. 您认为服务区分公司企业文化应重点突出（　　）。
　　A. 竞争力　　　　　B. 创新　　　　　C. 人性化管理　　　D. 科学管理
　　E. 团队精神　　　　F. 其他

37. 您认为服务区分公司的最大优势是什么？（　　）
　　A. 领导远见卓识，决策能力强　　　　B. 员工向心力强、士气高
　　C. 规模大　　　　　　　　　　　　　D. 拥有优秀的人才
　　E. 设备设施先进　　　　　　　　　　F. 具有拳头产品（培训或学历）
　　G. 行业品牌优势　　　　　　　　　　H. 经济实力强
　　I. 管理独特、水平高　　　　　　　　J. 具有良好的企业文化建设基础
　　K. 创新意识强　　　　　　　　　　　L. 其他

38. 您认为制约服务区分公司发展的主要因素有哪些？（　　）
　　A. 管理效率比较低　　　　　　　　　B. 制度不健全
　　C. 思想观念转变比较慢　　　　　　　D. 管理粗放，且不规范
　　E. 员工素质有待提高　　　　　　　　F. 成本意识比较薄弱
　　G. 培训与学历能力不足　　　　　　　H. 市场开发强度不足
　　I. 形象宣传与推广力度不够　　　　　J. 缺乏系统、先进的企业文化
　　K. 缺乏高质量的管理人才　　　　　　L. 缺少团队学习的氛围
　　M. 竞争与危机意识比较淡薄　　　　　N. 其他

39. 您认为服务区分公司在哪些方面急需提高与改善？（　　）
　　A. 形象塑造与品牌建设　　　　　　　B. 管理模式与管理水平
　　C. 人才建设　　　　　　　　　　　　D. 执行力和战斗力
　　E. 凝聚力　　　　　　　　　　　　　F. 创新精神
　　G. 观念转变　　　　　　　　　　　　H. 其他

40. 您认为服务区分公司发展的长远目标应是什么？（　　）
　　A. 行业旗舰，百年企业　　　　　　　B. 树行业经典，铸知名品牌
　　C. 企业可持续发展和人的全面发展　　D. 实施文化管理，全面提升竞争力
　　E. 追求社会效益和企业效益最大化　　F. 创国际一流的现代化集团公司
　　G. 引领服务行业，塑造美好人生　　　H. 其他

41. 您认为服务区分公司应奉行什么样的管理思想？（　　）
　　A. 以人为本，与时俱进　　　　　　　B. 聚焦目标，精细协调
　　C. 高效率创造高效益　　　　　　　　D. 优化机制，制度管理
　　E. 结果导向，过程精品　　　　　　　F. 优质服务，精益求精

G. 全员、全过程、全方位　　　　　　H. 其他

42. 您认为服务区分公司在未来5~10年将发展成为一个什么样的企业？（　　）
A. 国内行业一流的现代化公司　　　　B. 行业的引领者
C. 主业优强、多元发展的大型公司　　D. 行业专家
E. 其他

43. 对于服务区分公司未来3~5年的发展，您最关注哪些方面的内容？（　　）
A. 分公司向何处发展　　　　　　　　B. 分公司的形象
C. 分公司的管理　　　　　　　　　　D. 人才的评定、培养和选拔
E. 分公司的经营规模进一步扩大　　　F. 分公司的改革方略和相关政策
G. 个人收入　　　　　　　　　　　　H. 其他

44. 目前服务区分公司员工的素质，您认为哪些方面还需要提升？（　　）
A. 凝聚力和向心力　　　　　　　　　B. 学习力与技能
C. 创新精神　　　　　　　　　　　　D. 沟通能力
E. 追求与进取精神　　　　　　　　　F. 团队合作精神
G. 工作效率与灵活性　　　　　　　　H. 思想观念的转变

45. 您认为服务区分公司领导者最起码应具备以下哪些条件？（　　）
A. 创业精神　　B. 社会责任感　　C. 民主作风　　D. 关爱员工
E. 企业价值观信念　F. 远见卓识　　G. 决策能力　　H. 坚持原则
I. 组织管理能力　　J. 事业心

46. 您认为如何能更进一步提高服务区分公司员工的士气？（　　）
A. 薪酬合理　　B. 增强负激励　　C. 文化凝聚　　D. 目标激励
E. 加强沟通　　F. 增加教育培训投入，创造学习型组织
G. 不知道　　　H. 创造合理的人才评定体系，培养晋升途径

47. 您认为服务区分公司应该继承中国历史文化中的哪些内容？（　　）
A. 经世致用　　B. 厚德载物　　C. 以人为本　　D. 创新求变
E. 与时俱进　　F. 甘于奉献　　G. 自强不息　　H. 其他

48. 您认为影响服务区分公司文化形成的主要因素有哪些？（　　）
A. 总公司的发展历史　　　　　　　　B. 市场经济的发展
C. 领导思想与风格　　　　　　　　　D. 政治思想教育
E. 中国传统文化　　　　　　　　　　F. 服务行业文化
G. 地域文化　　　　　　　　　　　　H. 其他

49. 您认为中国传统文化对服务区分公司企业文化的影响有哪些？（　　）
A. 仁爱互助、同心同德　　　　　　　B. 忠心为国、自强不息
C. 讲究诚信、取信于人　　　　　　　D. 以诚待人、相互尊重
E. 知足常乐、随遇而安　　　　　　　F. 做事稳健
G. 唯上，盲目服从　　　　　　　　　H. 唯书，因循守旧

I. 唯官，等级严森   J. 其他

50. 在服务区分公司，您对自己的期望是什么？（   ）
    A. 有更高的薪水   B. 有发展的前途
    C. 能够得到大家的认可   D. 能够使顾客满意

51. 您觉得公司应当具备怎样的企业精神，请您为公司取一个精神口号：

52. 您对公司企业文化建设的意见和建议：

参 考 文 献

[1] 黎群,唐艳. 对企业文化测评方法的研究 [J]. 北京交通大学学报社会科学版,2007.

[2] 王吉鹏,李明. 企业文化诊断评估理论与事务 [M]. 北京:中国发展出版社,2005.

[3] 高寅欣. 电力行业企业文化测评研究 [D]. 北京:北京交通大学,2008.

[4] 马昭. 公司企业文化评估与重塑研究 [D]. 上海:上海海事大学,2006.

[5] [美] 埃德加·沙因. 组织文化与领导 [M]. 马红宇,王斌译. 北京:中国人民大学出版社,2014.

[6] [美] 约翰·科特,詹姆斯·赫斯克特. 企业文化与经营业绩 [M]. 李晓涛译. 北京:华夏出版社,1997.

[7] [美] 金·S. 卡梅隆,罗伯特·E. 奎因. 组织文化诊断与变革 [M]. 谢晓龙译. 北京:中国人民大学出版社,2006.

[8] 张恒丽. 竞争性文化价值模型的本土化适用性研究 [D]. 重庆:重庆交通大学,2013.

[9] 宋健. 浅谈企业文化诊断综合测评模型的构建 [J]. 纳税,2017 (8):112 - 113.

[10] 王茂祥,黄建康,姜美慧,施佳敏. 企业文化践行度的测评方法与提升路径 [J]. 统计与决策,2017 (2):183 - 186.

[11] 韩浩波. 企业文化诊断的新视角 [J]. 企业管理,2017 (10):82 - 84.

[12] 蔡立先,黄金榜. 高速公路运营集中管理文化价值类型 OCAI 量表评估及实证分析 [J]. 价值工程,2017,36 (24):24 - 27.

[13] 贲敏,张驰. 基于 OCQ 量表的企业文化建设效果测评 [J]. 现代商业,2017 (25):98 - 100.

[14] 何海斌. 某公司企业文化诊断及优化 [J]. 管理观察,2018 (6):13 - 15.

[15] 谢文芳. 企业经营管理文化诊断研究——以 A 企业为例 [J]. 创新科技,2018,18 (5):66 - 70.

[16] 李燕. 企业文化诊断与变革探析——以 M 集团为例 [J]. 人才资源开发,2018 (4):83 - 85.

[17] 苏真如,沈鑫,杨春,唐帮菊,王多多. 基于 OCAI 量表的物流企业组织文化测评研究 [J]. 现代商业,2017 (9):106 - 107.

[18] 何海斌. LX 公司企业文化诊断及优化 [J]. 企业管理, 2016 (S1): 318 - 319.

[19] 陈春花. 企业文化管理 [M]. 广东: 华南理工大学出版社, 2002.

[20] 曾萍. 现代企业文化理论与实务 [M]. 昆明: 云南大学出版社, 2014.

[21] 王德胜. 基于持续竞争优势的企业文化作用机理研究 [D]. 天津: 天津大学, 2010.

[22] 谭新政, 褚俊. 企业品牌评价与企业文化建设研究报告 [J]. 商品与质量, 2012 (28): 7 - 30.

[23] 何宏宇等. 电力企业文化理论与实践 [M]. 上海: 复旦大学出版社, 2015.

[24] 华瑶, 王素娟. 论企业文化及其评价体系的建立 [J]. 工业技术经济, 2003 (4): 31 - 32.

[25] 胡婉丽. 组织文化测量模型、测量工具与实践述评 [J]. 南京理工大学学报 (社会科学版), 2012 (1): 119 - 124.

[26] 郑伯壎. 组织文化价值观的数量衡鉴 [J]. 中华心理学刊, 1990 (32): 31 - 49.

[27] 张旭, 韩笑. 企业文化评估模型开发及应用 [J]. 科学学与科学技术管理, 2008 (1): 149 - 150.

[28] 韩小平. 金钼集团企业文化体系研究与设计 [D]. 西安: 西北大学, 2009.

[29] 张德, 吴剑平. 企业文化与 CI 策划 [M]. 北京: 清华大学出版社, 2000.

[30] 谢军, 马树林, 马俊, 黄辉. 国有企业文化建设 [M]. 北京: 红旗出版社, 2016.

[31] 张国梁. 企业文化管理 [M]. 北京: 清华大学出版社, 2010.

[32] 欧绍华. 现代企业文化 [M]. 湘潭: 湘潭大学出版社, 2014.

[33] 张德, 吴剑平. 企业文化与 CI 策划 (第 4 版) [M]. 北京: 清华大学出版社, 2013.

[34] 安世民, 李晓燕, 李蕾. 企业文化设计与建设 [M]. 兰州: 兰州大学出版社, 2008.

[35] 张德. 企业文化建设 [M]. 北京: 清华大学出版社, 2009.